금융감독원 직원들을 위한
공탁법 쉽게 이해하기

수학연구사

목 차

PART I. 전문 공부 ··· 1

PART II. 총론 ··· 7
 제1절 공탁의 법적성질 ·· 8
 제2절 공탁소 ·· 11
 제3절 공탁물 ·· 14
 제4절 공탁당사자 ·· 17

PART III. 공탁 절차 ··· 21
 제1절 공탁신청절차 ·· 22
 제2절 공탁의 성립 ·· 24
 제3절 공탁사항의 변경 ·· 25
 제4절 공탁서 정정 ·· 27

PART IV. 공탁물 지급절차 ··· 31
 제1절 출급 회수청구서입증서면 ·· 32
 제2절 공탁서 공탁통지서 ·· 34
 제3절 공탁관의 인가 및 공탁물지급 ·· 35
 제4절 특별지급절차 ·· 36
 제5절 계좌입금에 의한 공탁금 출급회수절차 ······························ 37

PART V. 변제공탁 ··· 39
제1절 변제공탁의 신청 ·· 40
제2절 변제공탁의 요건 ·· 42
제3절 변제공탁의 효과 ·· 51
제4절 변제공탁물의 지급 ·· 52

PART VI. 수용보상금 공탁 ··· 57
제1절 수용보상금 공탁절차 ·· 58
제2절 수용보상공탁금의 출급회수 ·· 60

PART VII. 재판상 담보공탁 ··· 63

PART VIII. 집행공탁 ·· 71
제1절 총론 ··· 72
제2절 압류를 원인으로 한 공탁 ·· 74
제3절 금전채권에 대한 가압류를 원인으로 하는 공탁 ······ 76
제4절 가압류 해방금공탁 ·· 77

PART IX. 혼합공탁 ··· 79

PART X. 공탁물지급청구권의 변동 ···································· 81

PART XI. 공탁관의 사유신고 ··· 85

PART XII. 공탁지급청구권의 소멸시효와 국고귀속 등 ·············· 89

PART XIII. 공탁관계서류의 열람 및 사실증명 ·············· 93

PART XIV. 공탁관의 처분에 대한 불복 ·············· 95

PART XV. 전자공탁시스템에 의한 공탁절차 ·············· 99

PART I. 전문 공부

전문 공부는 무엇인가

자격증을 딴 전문가이거나 아니면 그 아래에서 같이 일하는 실장 등의 전문사무원들은 자기 분야, 그것도 아주 좁은 분야만 알지 그 이상을 가면 잘 모른다. 그래서 그런 전문 공부가 중요하다.

여기서 필자가 정의하는 전문 공부는 자기분야에서의 심도 있는 지식을 공부하기 위한 그야말로 더욱더 전문서적을 읽고 자기 것으로 만드는 것을 의미하기도 하고, 다른 한편으로는 자기 분야 말고 다른 분야를 넘봐서의 전문 공부에 대해서 어떻게 해야 하는지에 대한 이야기를 다루려고 한다.

시험 쳐서 붙은 전문가도 엉겹결에 붙은 사람들이 많다

시험 쳐서 붙은 전문가도 엉겹결에 붙은 사람들이 많다. 그래서 흔한 말로 연수원에 다니면서 좌절을 맛보거나 실무 지식 상승에 어려움이 있다고 하는 사람들이 많다. 그런 사람들에게 필자가 도움을 줄 것이다.

세상이 어지러울수록 자기공부가 최고다

세상이 아주 어지러이 가고 있다. 어지러울수록 자기 공부가 최고다 . 그게 제일 남는 것이기 때문이다.

전문공부일수록 효율적으로 해야 한다

시간들이 없지 않은가? 그러니 더욱더 효율을 노려야 한다. 바쁘지 않은 전문가 바쁘지 않은 전문사무원은 없다. 그러니 그런 사람들의 전문 공부일수록 더욱더 효율을 높여야 한다.

전문 지식은 꺼내 쓴다의 논리

법조계를 접하지 못한 사람들의 입장에서는 법조인들을 보면서 '와, 그 많은 방대한 법을 어떻게 다 알고 남을 위해서 상담을 해주고 하지?'하고 생각한다. 그러나 법조계에 입문을 하면 제일 먼저 배우는 사실이 그 많은 방대한 지식을 다 머리에 담는 게 아니라 필요할 때 꺼내서 쓴다는 게 핵심이라는 사실이다. 그렇게 전문지식은 꺼내서 쓰는 것이지 다 담아두는 게 아니기에 공부의 효율성은 더욱더 필요하다.

전문 공부일수록 이런 포인트를 봐야 한다

그렇겠구나 하는 것은 문제가 안 되고 그건 좀 그런데 내지는 그건 좀 아닌데 하는게 포인트이다. 수험 때도 그렇지만 결국 판시 등의 암기에서 가장 문제는 바로 자신이 그간 가진 자연법에 어긋나는 경우이다. 거기를 잘 포착해서 봐야 하고 내 것으로 넣어야 한다.

당연한 것과 다소 또는 그 이상 당연하지 않게 다가오는 것을 체크해야 한다

읽어서 조금씩만 지식이 쌓여도 '그것은 그렇겠구나'하고 당연하게 느껴지는 것과 그렇지 않고 '어 이것은 왜 이렇게 되지?;하고 당연하지 않게 생각되는 것을 구변하는 게 가장 중요한 포인트가 된다.

여백에 필기를 하는 경우에도 그 당연하지 않음 생각해볼 여지가 있음이 관건이다

많은 학습자들이 여백에 필기를 해서 집어넣거나 적어 넣는다. 그런 적어넣은 내용으로서 가장 와야 할 것은 바로 당연하지 않는 내용에 대한 지적 즉, 그런 포인트를 찾아내는 것과 그것을 어떤 식으로 처리해서 내 것으로 할지에 대한 것들이다. 그렇게 치면 결국 책은 원래부터 인쇄되어 있는 부분과 학습자인 내가 적어서 나오게 하는 부분들로 나눠지게 되는데, 인쇄되어 있는 것이야 당연히 진리이고 기지(기지)의 사실로 받아들여지니까 제시가 될 터이니 그게 결합이 된 게 바로 종합적으로 그 해당 분야나 해당과목의 총합적 사실로 다가온다.

전문공부일수록 단계성이 중시된다

우리 생활에 단계가 아닌 게 없다. 그러니 공부도 단계인데 사실 그런 부분에서 아주 많은 공부를 하는 사람들이 무관계하게 생각하거나 신경을 덜

써서 처음에 그런 분야를 공부하는 사람에게는 다소 생소할 수밖에 없다. 그런 단계성 중시에 대해서 논해보도록 한다.

우리가 공부의 단계성을 잘 파악 못할 수밖에 없는 이유

공부의 단계성을 잘 파악 못할 수밖에 없는 가장 큰 이유는 우리가 책만 보기 때문이다. 그것은 두 가지 점에서 문제이다. 책은 완결체이다. 즉 백지를 전제로 했을 때에 책은 그 지식들이 다 백지에서 완성되어서 모든 완전체를 갖췄을 때의 모습으로 다가온다. 그러나 우리는 공부를 하면 백지에서 하는데 말이다. 둘째는 책은 무심하게도 그런 지식의 단계성에 대해서 가르쳐주지 않는다. 그저 목차대로 처음부터 제시가 되어 있을 뿐이다. 그래서 필자는 여러분들이 단계성을 가지고 지식의 습득에 접근함이 쉽게 해드리려고 한다.

새벽이나 아침의 공부와 저녁이나 밤의 공부가 컨디션이 같을 리가 없다

우리의 몸은 오묘한 것이라서 하루 중에도 시간에 따라서 다르게 반응한다. 새벽이나 아침의 공부와 저녁이나 밤의 공부가 컨디션이 같을 리가 없다. 그러니 거기에 맞춰서 공부를 해야 한다.

제1절 공탁의 법적성질

-공탁의 기본 잡기

공탁은 채무를 종결시키기 위한 것이다. 채무자는 주려고 하는데 채권자가 안 받거나 받을 수 없는 사정이 있다면 어쩔 것인가? 그에 대한 해결을 하려는 것이 가장 기본적 사고이고 거기에 추가해서 여러 가지 것이 확장된다.

-집행공탁이 이해의 핵이다

변제공탁은 앞서 주로 말한 대로 받기 힘들거나 안 받으려 할 때인데, 이게 재판이나 집행과 관련이 될 때가 있다. 채권자가 자기도 채무가 있어서 여러 빚쟁이들이 오면 그것도 처치가 곤란할거다. 그게 빚잔치다. 즉 있는 파이를 가지고 나눠줘야 한다. 그게 바로 집행공탁이다. 그렇게 이해를 하면 단추를 아주 잘 꿰어 갈 수 있다. 특히 그래서 집행공탁이라고 나오면 무조건 그것은 빚잔치다. 그런 사고를 가지고 가면 된다.

-집행공탁을 변제공탁과 비교하자

집행공탁을 변제공탁과 비교해서는 보는 게 공탁법의 가장 중요한 뼈대 중의 하나이다. 이런 확실한 구조 심리를 가지지 못하면 힘들다. 물론 책에는 두 개가 구별되게 나오기는 하지만 그 구별의 차이가 정말 어마어마하게 크기에 잘 알아야 한다. 특히 집행공탁은 공탁자, 피공탁자, 공탁소 외에 집행법원이 등장한다는 점이 가장 크게 인식을 해야 할 점이다. 그래서 집행공탁은 하고 나면 반드시 공탁자가 사유 신고를 해야 한다. 빨리 빚잔치를 해서 마무리들을 하라고 하는 것이다.

-빚잔치가 발성하는 이유

공탁 등의 이런 문제 또는 이런 문제가 파생시키는 파생문제가 생기는 가장 큰 원인 중의 하나는 이러 공탁자의 공탁하거나 아니면 자신이 지고 있는 채무금액이 절대로 문제되는 당사자들, 특히나 빚을 받으려고 하는 여러 채권자들의 채권액보다 공탁자 내지는 제3채무자의 금액이 더 작기 때문에 발생한다. 여유가 없으니 그것을 통해서 빚잔치를 한다.

-공탁에 등장하는 당사자를 잘 알아야 한다

공탁에서 일어나고 존재하는 기본적인 당사자들의 등장과 역할에 대해서 더 기능적으로 알아야 한다. 특히 누가 결국 그 판에서는 등장하는가를 알아두는 게 아주 중요하다. 책에서는 그냥 나열만 되어 있기에 말이다. 거기서 중요한 게 변제공탁과 집행공탁의 차이이다. 여기에서는 후자에 집행법원이 등장한다. 돈을 나눠주기 위한 빚잔치를 행하는 곳이다.

-채무자 즉 공탁자의 입장에서 보면 내용이 더 선명해진다

공탁자 주로 채무자의 입장을 생각해보자. 그러면 공부가 선명해진다. 그런데 생각해보면 공탁자의 입장에서는 공탁으로 자신은 변제의 효과가 발생하기에 누가 가져가든 자기보고 '너 잘못했어. 그렇게 공탁한 게 물거품이 되었어' 하는 소리만 나중에 듣지 않으면, 그러니까 그야말로 뒤통수만 맞지 않으면 되는 것이다. 그래서 홀가분할 수 있는 입장이다.

제2절 공탁소

- 시군법원의 공탁관 직무범위는 제248조 1항에 따른 집행공탁은 해당되지 않는다

1) 기본 암기

시군공탁 집행공탁

2) 최종 암기

[핵심요약] 시군 집행 않는
[암기요체캐릭터] 시건방춤곽윤기(빙상선수)
[관련내용발언암기] 선배들이 나의 건방춤에 따로 집행(집합)은 하지 말아야 해

- 공탁통지서 송달과 관련해서는 집행관송달이 되지 않는다

이것은 조금만 생각해도 당연한 것이다. 돈 주는 것, 돈 받아가라고 하는 것인데 왜 굳이 집행관송달을 하겠는가.

- 공탁통지서 송달과 관련해서는 공시송달은 인정되지 않는다

이 역시 조금만 생각해도 당연한 것이다. 돈 주는 것 돈 받아가라고 하는 것인데 왜 굳이 공시송달을 하겠는가. 자기들이 목이 빠지게 기다리고 있는데 말이다.

- 공탁관의 심사권은 방법은 형식적인 것에 제한되되 심사의 범위는 실체적인 것도 한다

1) 기본 암기

탁관 실체라고 해서 외운다. 탁관 실체 {타이거웃}로 해서 외우자. 여러 가지를 다 잘하는 타이거 우즈 말이다.

2) 최종 암기

[핵심요약] 탁관 실체
[암기요체캐릭터] 탑건
[관련내용발언암기] 탑건은 실체훈련에 강해야해

암기해설: 모의훈련 뿐만 아니라 실전에 강해야 의미가 있다고 말하는 말이다

- 공탁물보관자는 오랫동안 보관된 공탁물이 제 기능을 못하면 30일 이상 기간 정한 후에 매각하고 매각대금 전액이 아니라 매각허가, 신청비용, 매

각비용, 공탁물보관비용을 공제하고 공탁한다

이를 외우기 위해서는 공제 잔액이라고 해서 외운다. 공제에서 잔액 빼고 {공명정대} 공제공명 공제하라

- 변제공탁은 채무의 내용에 따른 것이어야 하므로 토지관할 없는 공탁소에 한 변제공탁은 무효이지만 승인하거나 출급하면 유효가 된다

1) 기본 암기

이것은 다른 곳에서 만든 것과의 비교를 해본다. 첨부터 유효 토지관할 {척척박사} 〈척척유효〉 〈척척첨부터〉 라고 되어 있는 것과 비교를 한다

2) 최종 암기

[핵심요약] 변제 승인 유효
[암기요체캐릭터] 번제요아킴
[관련내용발언암기] 동물을 희생하는 것은 좀 그렇지만 승인하면 유효해야 해

암기해설: 승인 유효 이렇게 논리를 빼는 것은 그 앞의 전제사실 즉 관할이 없는 곳은 무효라는 게 전제가 깔리기에 이런 표현이나 접근이 가능한 것으로 봐야 한다. 번제란 동물을 희생해서 지내는 제사를 의미한다.

제3절 공탁물

- 집행공탁의 목적물은 금전에 한한다

1) 기본 암기

집행공탁 금전에한 {지배랠린} 〈지배금전〉 〈집행금전〉

2) 최종 암기

[핵심요약] 집행 금전 한한
[암기요체캐릭터] 지방이(365엠씨마스코트)
[관련내용발언암기] 우리 병원수술료는 금전에 한해야해

암기해설: 워낙 미용성형외과들이 성업해서 금전으로만 수술비를 받음

3) 최종 이해

생각해보면 당연하다. 집행공탁으로 해서 준 것을 가지고 결국 서로 나중에는 피터지게 쪼개기도 해야 하는데 당연히 금전이어야 한다.

- 가압류해방공탁의 목적물은 금전에 한한다

1) 기본 암기

유가증권은 해당하지 않는다. 이를 위해서는 해방공탁 유가증권 {해병아리}라고 해서 외운다. 좀 더 나아가서는 해방공탁 유가증권 {해병아리} 〈해촉〉되유 〈해까닥〉됨

2) 최종 암기

[핵심요약] 해방 금전 한한
[암기요체캐릭터] 나의해방일지 김지원
[관련내용발언암기] 나를 해방시키는 나의 출연료는 금전에 한해야해

암기해설: 김지원이 워낙 탑으로 잘나가다 보니 출연료는 금전으로만 받는다

- 재판상 보증공탁은 목적물로 금전외에 유가증권도 된다

1) 기본 암기

법원이 인정하는 유가증권이다. 보증공탁 유가증권도 {보이죠지} 〈보이증권〉 〈보이보증〉

2) 최종 암기

[핵심요약] 보탁 유가 된다
[암기요체캐릭터] 보톡스 엘러간주식회사

[관련내용발언암기] 재료가 유가에 민감해서 유가도 된다고 봐야해

- 상호가등기를 위한 몰취공탁은 공탁물이 금전이다

1) 기본 암기

상호가등기 금전몰취 {상서롭다} 〈상호상서〉 〈상서금전〉

2) 최종 암기

[핵심요약] 몰취 금전
[암기요체캐릭터] 하선정멸치액젓
[관련내용발언암기] 며느리야 멸치액젓 값은 씨제이인수대금처럼 다 금전으로 받아야해

암기해설: 하선정식품은 씨제이에 인수되었다. 그래서 인수대금이라고 해서 금이라는 표현이 나오는 것처럼 금전이 포인트이다.

제4절 공탁당사자

- 제한능력자는 공탁행위를 스스로는 유효하게 할 수 없다. 그래서 출급청구도 혼자서는 못한다

1) 기본 암기

제한능력 출급청구는 {제행무상} 〈제한제행〉 〈제한무상〉

2) 최종 암기

[핵심요약] 제한 출급 못한
[암기요체캐릭터] 김채환
[관련내용발언암기] 공무원들 중에서도 제한능력자가 있어서 그들은 출급을 못하게해야 해

암기해설: 공직자 관련 유튜브도 운영한다. 유튜브 상에서 그렇게 못하게 한다.

- 보관공탁은 무기명식채권의 소지인의 권리행사요건으로 행해지기도 하는데 이는 피공탁자는 원시적으로 존재하지 않는다

1) 기본 암기

무기명채권 피공탁자는 {무기정학}〈무기위험〉〈무기나라〉

2) 최종 암기

[핵심요약] 보관 피공 존않/않는다
[암기요체캐릭터] 헐크호간
[관련내용발언암기] 워낙 사람 가죽을 많이 다뤄서 피공은 않는다고 봐야해

암기해설: 늘 하던 것은 싫어하는 법이다.

- 몰취공탁의 피공탁자는 국가이다

1) 기본 암기

몰취공탁 피공탁국가 {몰스부호} 몰피국가 몰피우스

2) 최종 암기

[핵심요약] 몰취 피공 국가
[암기요체캐릭터] 돌치
[관련내용발언암기] 피공포증이 있어서 국가를 만들어야해

암기해설: 지면 상처 나는 피공포증을 떨치려 국가를 만들려고 한다.

- 질권의 목적물이 된 채권의 변제기가 질권자의 채권의 변제기보다 먼저 도래한 경우에는 민법 제 353조 제3항에 따라 질권자는 제3채무자에 대해서 그 변제금액의 공탁을 청구할 수 있다. 이 경우 질권설정자를 피공탁자로 기재하여 공탁한다

이는 이론적으로 잘 생각하면 당연하다. 즉, 질권을 풀어야 하는데 제3채무자입장에서는 지금 자신의 채권자인 질권설정자가 부자연스럽게 묶여져 있는 상태에 있기에 그를 피공탁자로 해서 변제공탁을 한다.

- 금전채권의 일부 또는 전부에 대해서 가압류가 있는 경우에 제3채무자는 가압류된 채권액 또는 가압류와 관련된 금전채권액전액을 공탁할 수 있고 공탁을 한후 즉시 공탁서를 첨부하여 그 내용을 서면으로 가압류발령법원에 신고하여야 한다. 이 경우 공탁서의 피공탁자란에는 가압류채무자를 기재한다

이때는 가압류이기에 변제공탁의 성격을 가지고 있기 때문이다.

- 금전채권의 일부에 대해서 압류가 있어 제3채무자가 압류된 채권액에 대해서만 공탁한 경우에는 공탁서의 피공탁자란은 기재하지 아니한다.

이때는 압류이고 이때는 집행공탁의 성격을 가지고 있기에 누가 찾아가라는 식의 피공타자는 설립하지 않는다. 그래서 그렇다. 다시 말해서 압류된 채권액이 아니고 전액에 대해서 공탁을 했더라면 공탁된 금액 중에서 압류가

되어서 집행공탁이 된 부분은 집행공탁 나머지 부분은 변제공탁의 성격을 갖는다.

PART III. 공탁 절차

제1절 공탁신청절차

- 공탁당사자가 다르더라도 공탁원인사실과 관할공탁소가 동일하고 공탁종류가 동일할 때는 일괄하려 1건의 공탁서로 작성제출가능하다

1) 기본 암기

이를 외우기 위해서는 관할 종류라고 해서 외운다. 긍정적이다. 그래서 관할 종류 {관악협주}라고 외운다.

2) 최종 이해

이것은 뭘 쪼개거나 하는 문제가 아니다. 그래서 일단 법률관계의 명확성을 위해서래도 하나로 해서 처리를 하는 게 가능하다.

-법인아닌사단이 공탁을 하는 경우 정관이나 규약과 대표자의 자격을 증명하는 서면을 첨부하여 하는데 판결에 기하여 공탁을 하는 경우에 판결문에 사단의 실체 및 대표자가 표시가 되어있어도 그것만으로는 안 된다.

이를 외우기 위해서는 아니와 판결문을 같이 해서 외운다. 인간이아니다와 널판결절장애를 같이 해서 외우자. 인간이아니다 {인간이하} 널판결절장애라고 해서 외운다. 그래서 확대적으로 생각하면 인간이하라서 안 되는 것이다. 아마도 이것을 신청한 법인아닌사단의 대표자가 인간이하였던 것으로 보인다. 간단히 해서는 아니 판결문 {아리송해}로 외운다. 다시금 외우면 아

닌자격 판결문은 {아리송해} 〈아닌거〉야 〈아님〉이야

- 재결서나 판결문에 피공탁자의 주소가 표시되어 있고 표시된 주소가 피공탁자의 주민등록 등초본의 주소와 일치하여도 이를 직접 주소를 소명하는 서면으로 볼 수는 없다

이를 위해서는 재결서와 주소를 같이 해서 부정적으로 외운다. 재결, 즉 홍수로 피해 입은 논밭과 주소(환자의 아픔 호소 중 최고)를 같이 해서 외운다. 재결 [제길] {제멋대로} 주소라고 해서 외운다. 제멋대로 하니까 공탁관이나 판사가 좋아할 리가 없다. 판사나 공탁관은 엄격하게 주소를 소명하는 서면을 언제 갖다주나 하고 보고 있는데 말이다. 그러니 거기에 제길하면서 재결서는 가져다주는데 환영을 할 리가 없다. 재결판결 주소서면 {제멋대로} 〈제길〉안돼 〈제갈〉채움

- 영업보증공탁은 피공탁자가 없다

이는 부정적 사실의 연결로 해서 영없다+혈액으로 해서 외운다. 그래서 헌혈하우스인지 피가(혈액이) 영없다. 영혼도 없다. 이렇게 해서 외운다. 간단히 해서 영업 피 {영혼없음}으로 외운다. 다시금 하면 영업보증 피공탁자 {영혼없음} 〈영아니다〉〈영패〉이다.

제2절 공탁의 성립

- 매각허가결정에 대한 항고보증공탁은 유가증권도 가능하다

매각허가 항고증권도 {매란국죽} 매각매란 매각증권

- 공탁통지는 휴일 특별송달방법에 의할 수는 없다

이를 외우기 위해서는 휴일 특별을 부정적으로 연결한다. 휴일특별 공탁송달은 {흐리멍텅} 휴일흐리 흐리흐리 휴일엔 특별히 더 사람이 {흐리멍텅}이라고 외운다.

- 공탁통지는 일몰 후 일출 전은 안 된다

이를 외우기 위해서는 일몰 일출을 부정으로 묶는다. 일몰 일출 {일로일로} 사람이 화를 많이 내서 일몰에도 일출에도 계속 화내 {일로일로}

공탁통지는 사실 말이 통지지 아주 큰돈이 오고가는 것이라고도 볼 수 있다. 그 공탁서 등을 받은 사람은 이제 큰돈을 쥘 수 있기에 말이다. 그래서 이것은 더욱더 신중하게 정확하게 하자는 것이다. 그래서 일출 전 일몰 후는 안 된다.

제3절 공탁사항의 변경

-[제도취지알기] 대공탁의 취지를 잘 알아야 한다

유가증권 등이 이제 만기가 오면 그것을 현금으로 바꿔야 그 효력이 유지된다. 그런 의미에서 이런 공탁은 서로에게 윈윈이 된다.

- 담보공탁을 대공탁을 하는 경우에도 본래의 유가증권공탁과의 동일성이 유지되기에 관청의 승인은 요구되지 않는다

이를 암기하기 위해서는 담보공탁 승인으로 외운다. 부정적으로 외운다. 담보공탁 승인 {닭쫒던개} 담보공탁을 승인시도 {닭쫒던개}이다. 이를 다르게 하면 담보공탁 승인 {닭쫒던개} 〈닥침〉하며 〈다구리〉로

- 법원이 담보물변경을 허가할 때는 담보권리자의 이익을 해하여서는 안 될 것이나 신구공탁물이 동일하거나 그 이상이어야 하는 것은 아니다. 철저히 법원의 재량이다

신구공탁물 이상을 부정적으로 외우자. 신구공탁물 이상 [신장이상]으로 외우자. 신구공탁물 이상하다 {신장이상} 판사 왔다고 외우자. 달리하면 신구담보 동일이상 {신장이상} 〈실성〉하다 〈신하〉로서 신구담보를 동일이나 이상으로 하려는 것은 신장이상자의 문제있는시도. 신구담보 동일이상은 {신장이상} 〈실성〉하다 〈신하〉로서

- 대공탁을 신청하는 경우 원본을 첨부할 필요는 없다

대공탁 원본을 부정적으로 묶는다. 그리하여 대공탁 원본 {대가끊김}으로 외운다.

제4절 공탁서 정정

- 사업시행자가 토지수용에 따른 보상금을 수령할 자가 누구인지 전혀 알 수 없어 절대적 불확지공탁을 한 경우에는 공탁자가 후에 피공탁자를 알게 되었을 때에 그를 피공탁자로 공탁서 정정을 한 후 그로 하여금 공탁금을 출급청구하게 할 수 있지만, 공탁자가 이에 응하지 않을 경우 공탁자(절대로 국가가 아님) 를 상대로 하여 공탁금출급청구권의 확인판결 (화해, 조정조서 포함) 을 받아 그 판결정본 및 확정증명서 를 출급청구권을 증명하는 서면으로 하여 공탁금을 직접 청구할 수 있다

상황을 생각해보면 공탁소가 뭘 알겠어 같은 논리가 성립한다. 즉 상황에 대해서 판사처럼 판단할 수도 없고 심지어 그에 대한 정보도 없는데 라고 말이다 그렇게 생각한다면 그 피고는 공탁소가 아니라 공탁자가 피고가 되어야 한다. 원문은 [공탁선례 제 1-127호] 이다

- 반대급부조건부 수용보상금공탁을 하고 나서 수용개시일 이후에 반대급부 없는 공탁으로 정정하였다면 이러한 공탁은 소급하여 유효하지 않다(부정)

1) 기본 암기

반대급부없는은 업수이 여긴다고 생각하고 소급은 속쓰림 또는 소구쓰림으로 해서 암기를 하도록 한다.

2) 최종 이해

수용개시일은 굉장히 중요한 의미를 갖는 시간이기에 그것을 넘어서 다른 조건을 하는 것은 동일성을 해친다. 그래서 되지 않는다.

- 민법487조 후단의 소정의 '과실 없이 채권자를 알 수 없는 경우'라고 하여 변제공탁을 했다가 공탁원인사실을 같은 조 전단소정의 '채권자의 수령불능"을 추가하는 것은 공탁의 동일성을 해하기에 허용될 수 없다

1) 기본 암기

알수없는 수령불능 {알쏭달쏭} 〈아리송해〉〈어리숙한〉이다. 그래도 확지로 고쳐지면 그것은 인정이 되는데 여기처럼 수령불능으로 되면 그것은 인정이 되지 않음을 주의해야 한다.

2) 최종 이해

공탁의 원인은 아주 중요한 요소이다. 그런데 앞뒤의 두 개의 사유는 너무도 동일성이 차이가 난다. 그래서 안 된다고 봐야 한다

- 다수의 채권압류명령 등을 송달받은 제3채무자가 민사집행법 248조1항의 집행공탁을 함에 있어서 송달받은 압류명령중 일부를 누락하고 공탁한 경우 공탁원인사실에 그 압류명령을 추가로 기재하는 공탁서 정정은 허용된다

다수압류 추가기재 {다둥이맘} 〈다수〉자식 〈다둥〉자식

- 토지수용보상금을 지자체가 절대적불확지 공탁을 한 경우에 원소유자는 공탁자를 상대로 하여 공탁급출급청구권이 확인판결을 받아서 한다

이를 외우기 위해서는 절대적불확지 공탁자로 해서 외운다. 절대적불확지 공탁자 {절대미각}

- 변제공탁 성립 후 피공탁자가 개명한 경우 기본증명서를 첨부하면 되기에 정정은 필요없다

1) 기본 암기

맞다 이를 외우기 위해서는 개명 정정을 부정적으로 묶자. 개명은 정정은 {개념없다} 개명편히 개명바로 로 외운다.

2) 최종 이해

공탁의 정정은 공탁수리전의 사유가 있을 때에 대한 것이다. 그래서 그 후의 것은 굳이 정정을 이용하지 않아도 된다.

PART IV. 공탁물 지급절차

제1절 출급 회수청구서입증서면

- 공탁물 회수청구권에 대한 압류 및 전부명령을 받은 자는 공탁물 회수청구시 회수청구권을 갖는 것을 증명하는 서면을 제출해야 한다

1) 기본 암기

전부자회수 증명서면 {전력투구} 전력서면 전력제출

2) 최종 이해

이 사람은 따로 공탁서를 갖고 있지 않을 것이기에 그 회수청구권을 증명하는 서면이 당연히 제출되어야 한다.

- 저장물건에 대하여 소유권분쟁이 있어서 그 수용보상금이 공탁이 된 경우 공탁서상 피공탁자로 기재된 자는 직접 공탁관에 대하여 출급청구권을 행사하여 이를 수령하면 된다

물건저장 피탁자바로 {물고빨기} 물고바로 물고저장

- 공탁금지급청구권의 양도통지서에 날인된 양도인의 인영에 대하여 인감증명서가 첨부되지 아니한 경우라 하더라도 양도인은 공탁금의 지급청구를 할 수 없다

출처는 (행정예규 제779호 2.가.) 최종 이유를 보면 이미 이는 양도인의 손을 떠난 것이기에 설혹 임감증명서가 첨부되지 않았어도 이미 그는 지급청구가 되지 않는다고 봐야 한다.

제2절 공탁서 공탁통지서

- 인감증명 면제는 본인이나 법정대리인이면서 금액이 1000만원 이하이면 인감증명서도 면제가 된다

인감면제 법정대리 {인대탈구} 인대법정 인대벗어남

제3절 공탁관의 인가 및 공탁물지급

- 같은 사람이 여러 건의 공탁에 관하여 전자공탁시스템을 이용하여 출급청구를 하는 경우에 그 사유가 같은 때에는 공탁종류에 따라 하나의 청구서로 일괄청구할 수 있다

전자공탁시스템을 이용하여 공탁물의 출급회수를 청구하는 경우에는 관할이 다를 수 있으므로 일괄청구가 인정되지 않는다. 이를 암기하기 위해서는

[핵심요약] 출급 일괄 안돼
[암기요체캐릭터] 후줄근남(여자들이 싫어하는 대상 소개팅자리에서)
[관련내용발언암기] 같이있어서의 일괄은 안 된다고 봐야해

암기해설: 후질근남은 같이 있기 싫다. 선자리나 소개팅자리에서도 같이 있기 싫다고 말하는 여성들의 호소이다.

제4절 특별지급절차

- 전자공탁시스템을 이용하여 공탁물의 출급 회수를 청구하는 경우에는 일괄청구를 할수 없다

관할이 다를수 있기에 안 된다. 이를 일단은 자연논리로 암기한다.

- 동일한 청구자가 동일한 사유로 금전공탁과 물품공탁을 지급청구하는 경우에는 일괄청구를 할 수 없다

종류가 다르기에 그렇다. 이를 암기하기 위해서는 동일청구 금전물품은 {동문서답} 동일서답 동문청구

제5절 계좌입금에 의한 공탁금 출급회수절차

- 임금계좌는 반드시 신청인 명의여야 한다

1) 기본 암기

임금계좌 신청인명의 {입신양명} 입금양명 입금떨침

2) 최종 암기

[핵심요약] 계좌 반드시 신청
[암기요체캐릭터] 개자리
[관련내용발언암기] 반드시 우리 개자리별은 신청 즉 새로운 청색이어야해

PART V. 변제공탁

제1절 변제공탁의 신청

-토지관할 없는 공탁소에 한 변제공탁은 원칙적으로 무효이나 피공탁자가 수락하거나 공탁물의 출급을 받은 때는 처음부터 유효한 공탁이 된다: 처음부터 유효한 부분의 암기

첨부터유효 토지관할   {척척박사} 〈척척유효〉〈척척첨부터〉

- 관할공탁소 이외의 공탁소에서의 공탁사건 처리 지침에 따르면 1000만원 이하의 금액의 청구 중 법인위임을 받은 대리인에게 적용된다. 즉 개인 위임은 안된다

소외공탁 천개인은 {소잃외양} 소외법인 소외개인은

- 관할공탁소 이외의 공탁소에서 납입을 하는 경우 공탁금 납입가상계좌로 납입한다

1) 기본 암기

가상계좌 소외공탁

2) 최종 이해

아무래도 공탁소 이외에서 납입을 하니까 초월적으로 존재하는 가상계좌를 써서 납입을 해야 할 것이다.

제2절 변제공탁의 요건

- 사업시행자가 피수용자의 전기요금을 대납했다고 하더라도 그만큼을 공제한 차액만을 공탁함은 무효이다

1) 기본 암기

전기요금 대납공탁은 {전원탈락} 〈전원나감〉 〈기가빠짐〉

2) 최종 암기

[핵심요약] 전기 차액 무효
[암기요체캐릭터] 전기의 아버지 에디슨
[관련내용발언암기] 전기차에 의해서 차액이 생기면 그것은 무효라고 봐야 해

암기해설: 정밀한 전기공급을 소중히 여겼던 정교한 에디슨이다.

- 사업시행자(도시철도건설자)는 토지수용위원회가 재결한 보상금을 공탁하는 경우 소득세법에 의한 소득세 원천징수액을 공제한 나머지 금액을 공탁할 수 있다

1) 기본 암기

이는 원천징수를 몸에 이로운 온천으로 해서 암기한다. 그래서 맞는 지문이다. 다르게 하면 원천공제 보상공탁 {원천기술} 〈원천공탁〉 〈원천좋다〉

2) 최종 암기

[핵심요약] 원천 공제 공탁
[암기요체캐릭터] 원천석(고려말조선초무인, 고려멸망개탄)
[관련내용발언암기] 조선에 대한 마음을 공제하고 산천에 내 몸을 공탁해야 해

- 사업시행자인 공탁자가 피수용토지에 대한 상속등기를 대위신청할 때 소용될 등록세액 기타 비용을 공제한 나머지 금액만을 공탁하면 유효한 공탁이 아니다

1) 기본 암기

상속등록세 공제공탁 {상황심각} 〈상속심각〉 〈상속심해〉

2) 최종 암기

[핵심요약] 상속 공제 아니
[암기요체캐릭터] 드라마 상속자들 피디
[관련내용발언암기] 필름분량에 대한 공제는 아니할 것이라고 봐야해

암기해설: 출연자들에게 분량공개 안하고 바로 갈테니 열심히 찍으라고 독려하는 피디이다.

- 채권자에 대한 변제자의 공탁금액이 채무의 총액에 비하여 아주 근소하게 부족한 경우에는 당해변제공탁은 신의칙상 유효하다

1) 기본 암기

근소부족 공탁유효 {근무수칙} 〈근무유효〉 〈공탁근무〉

2) 최종 암기

[핵심요약] 아주 근소 유효
[암기요체캐릭터] 아주아이비투자
[관련내용발언암기] 강사들의 능력이 아주 근소 부족해도 유효하다고 봐야 해

암기해설: 아주아이비투자는 업계에서도 아주 주변의 사람들에게 많은 자문을 구해서 좋은 정보를 잘 학습하기로 유명한 회사이다.

- 변제공탁이 유효하려면 채무 전부에 대한 변제의 제공 및 채무 전액에 대한 공탁이 있어야 하고 채무 전액이 아닌 일부에 대한 공탁은 그 부분에 관하여서도 효력이 생기지 않으나, 채권자가 공탁금을 채권의 일부에 충당

한다는 유보의 의사표시를 하고 이를 수령한 때에는 그 공탁금은 채권의 일부의 변제에 충당되고, 그 경우 유보의 의사표시는 반드시 명시적으로 하여야 하는 것은 아니다

최종이해적으로 보면 꼭 명시적으로 한다는 말이 우습기는 하다. 그냥 상대방에서 아, 그러겠구나 하고 알아볼 정도면 되지 말이다. 이렇게 생각하면 이것은 해결이 된다.

- 주위토지통행권자가 통행지 소유자에게 부담하는 매월 정기적으로 지급하기로 판결이 확정된 손해보상금에 관하여 통행지 소유자가 수령을 거부하는 경우에는 과거 수개월분을 모아서 공탁할 수는 있으나 장래의 수개월분까지 일괄공탁은 안 된다

1) 기본 암기

주위토지 장래수개월 {주체못함} 〈장례치러〉〈장례못함〉

2) 최종 암기

[핵심요약] 주위 장래 안된다
[암기요체캐릭터] 주희
[관련내용발언암기] 장래는 안 된다고 봐야해

암기해설: 어릴 때 좋아도 나중에 안 좋으니 후배나 자식들에게 과거 배우

주희가 하는 이야기이다.

- 조세채무나 국민연금법에 의한 연금보험료채무는 민법 제487조에 의한 변제공탁의 목적이 될 수 있다

시험에서는 없다로 출제가 된다. 원문은 변제공탁의 목적인 채무의 발생원인에는 제한이 없으므로 공법상의 채무라도 변제공탁의 대상이 될 수 있다. 따라서 조세채무 (선례 제 1-59호) 나 국민연금법에 의한 연금보험료채무도 민법 제487조에 의한 변제공탁의 목적이 될 수 있다 (선례 제 1-60호, 공탁실무편람.

[핵심요약] 조세 공탁
[암기요체캐릭터] 조세핀(나폴레옹의 부인)
[관련내용발언암기] 나폴레옹을 보면 마음이 콩닥콩닥하다고 봐야해

암기해설: 나폴레옹의 부인 조세핀의 말이다. 매력적인 남자와 그를 사랑한 매력적인 여자이다.

- 근저당권의 피담보채무에 대해서 전액이 아닌 일부에 대해서 공탁한 이상 그 피담보채무가 계속적인 금전거래에서 발생하는 다수 채무의 집합체라고 하여도 공탁금액 범위에서 소멸은 아니다

1) 기본 암기

다수집합 금액소멸은 {달걀바위} 〈달걀다수〉 〈다수소멸〉

2) 최종 암기

[핵심요약] 집합 소멸 아니다
[암기요체캐릭터] 신윤승집합시켜
[관련내용발언암기] 아직 우리 개그맨들 군기 소멸 아니라고 봐야해

암기해설: 개그콘서트 부활에 가장 일등공신인 데프콘 어때요에서는 신윤승이 자꾸 말도 안 되는 요구나 이야기를 하는 조수연에게 집합시켜라고 이야기를 많이 한다.

- 변제공탁이 일부가 되었을 때 무효이지만 채권자가 공탁금을 채권의 일부에 충당한다는 유보의 의사표시를 하면 유효한데 이는 명시적인 것을 요하지 않는다

일부유보 명시적일 {일구이언} 〈일구한마리〉 〈일구딴소리〉

- 채무자의 채무액이 근저당 채권최고액을 초과하는 경우에 채무자겸 근저당권설정자가 그 채무의 일부인 채권최고액과 지연손해금 및 집행비용만을 변제공탁하였으면 그것은 무효이다

1) 기본 암기

일부최고액 손해비용은 {일벌백계} 〈일벌일부〉 〈일벌손해〉

2) 최종 이해

채무자의 채무액은 공시가 된 채권최고액만에 한하지 않는다. 그것은 아주 시험에도 잘나오는 사실이다. 그러기에 그것이 다가 아니고 일부만 변제하면 이것 역시도 채무자 입장에서 자기 마음대로 공권력에 지엄하게 마음대로 하려는 것으로 봐야 하기에 되지 않는다.

- 반대급부조건부 수용보상금 공탁을 하고 나서 수용개시일 이후에 반대급부없는 공탁으로 정정하였다면 이러한 공탁은 받아들여지지 않는다

반대급부 없는것으론 {반전실패} 〈반대반전〉 〈반대한다〉

- 임대차보증금을 변제공탁하면서 건물을 명도하였다는 확인서를 첨부할 것을 반대급부의 조건으로 하였다.

건물명도와 동시이행관계에 있는 임차보증금의 변제공탁을 함에 있어서 건물을 명도하였다는 확인서를 첨부할 것을 반대급부조건으로 붙였다면 위 변제공탁은 명도의 선이행을 조건으로 한 것이라고 볼 수밖에 없으므로 변제의 효력이 없다고 보아야 할 것이다.

최종이해적으로는 동시이행적으로 풀지 않고 확인서를 내라고 하면 그것을

먼저 해오라는 의미로 이해를 해야 하니까 그것은 아니라고 봐야 한다.

- 공탁자가 공탁물 수령자로부터 공탁자 앞으로의 소유권이전등기에 필요한 등기권리증, 매도증서, 인감증명 등 서류를 공탁자에게 교부하라는 반대급부조건을 붙여 변제공탁한 후 이와는 별도로 같은 부동산에 관한 소유권이전등기절차이행의 소를 제기하여 승소확정판결을 받은 경우 비록 위 판결에 기하여 앞서 반대급부조건으로 요구한 위 각 서류 없이 강제집행의 방법으로 그 부동산에 관한 공탁자명의의 소유권이전등기를 필할 수 있게 되었다 하더라도 그와 같은 사유만으로써 위 공탁의 반대급부가 이행된 것으로 볼 수는 없다.

이는 최종이해적으로 이렇게 봐야 한다. 사실 이렇게 되면 별도의 판결로 해서 그것으로 강제집행을 하면 해당 서류들을 이렇게 공탁을 통해서 얻지 않고 그 판결의 강제집행으로 해서 얻어낼 수도 있다. 그런데 그것은 바로 청구한 공탁자 니 사정이고 하는 심리가 깔려져 있다. 즉 그런다고 바로 제출이 된 것은 판결문이지 그 서류가 직접 나온 것은 아니지 않냐는 생각이다.

원문은 85마712 결정 [공탁공무원의불수리처분에대한이의기각결정]; 소유권이전등기 소요서류의 교부를 반대급부로 한 변제공탁 후 공탁물수령자를 상대로 한 소유권이전등기절차이행의 승소판결이 확정된 경우, 위 반대급부가 이행된 것으로 볼 수 있는지 여부에 대해서 부정적으로 봤다.

- 채권이 이중으로 양도된 경우의 양수인 상호간의 우열은 통지 또는 승낙에 붙여진 확정일자의 선후에 의하여 결정하여야 하므로, 그 확정일자의 선후가 분명하다면 채무자는 채권자 불확지 변제공탁을 할 수 없다

최종이해적으로 보면 변제공탁을 할 수 있다고 봐야 한다. 즉 (대판(전합) 1994.4.26. 93다24223에 따르면, 채권이 이중으로 양도된 경우의 양수인 상호간의 우열은 통지 또는 승낙에 붙여진 확정일자의 선후에 의하여 결정되는 것이 아니라, 채권양도에 대한 채무자의 인식, 즉 확정일자 있는 양도통지가 채무자에게 도달한 일시 또는 확정일자 있는 승낙의 도달 일시의 선후에 의하여 결정하여야 한다. 따라서 이 경우는 선후가 분명하다고 해도 그게 확정일자가 아니라 형식적으로는 확정일자 있는 문서로 하고 그 도달 선후를 가지고 봐야 한다.

제3절 변제공탁의 효과

-공탁공무원은 조사단계에서 서류에 불비한 점이 있거나 공탁사유 또는 지급사유가 없으면 보정이나 취하를 권유할 수는 있을 것이고, 신청인이 이에 응하지 않을 경우에는 공탁서 또는 청구서에 불수리취지를 기재하여 날인하고 그 중 한 통과 첨부서류를 공탁자 또는 청구자에게 반환하여야 한다. 즉 구두로 불수리는 안 된다

[핵심요약] 공탁 불수(리) 구두노
[암기요체캐릭터] 불스 원샷중에서 불수
[관련내용발언암기] 불수 중에서 불수, 시카고 불스

원문은 공탁공무원은 조사단계에서 보정이나 취하를 권유할 수 있는지(적극) 및 구두로 공탁신청 또는 지급신청을 불수리할 수 있는지 여부(소극) 제정 2005. 10. 24. [공탁선례 제2-23호, 1. 공탁공무원은 조사단계에서 서류에 불비한 점이 있거나 공탁사유 또는 지급사유가 없으면 보정이나 취하를 권유할 수는 있을 것이다. 2. 그러나 신청인이 이에 응하지 않을 경우에는 공탁서 또는 청구서에 불수리취지를 기재하여 날인하고 그 중 한 통과 첨부서류를 공탁자 또는 청구자에게 반환하여야 하고, 서면으로써 그 취지를 통지하여야 하며 접수 자체를 거절할 수는 없을 것이다.

제4절 변제공탁물의 지급

- 이의유보 의사표시의 상대방은 반드시 공탁관에 국한할 필요가 없고 공탁자에 대하여도 할 수 있다

최종이해적으로 이를 외울 때는 연결사실적으로 공탁관에는 문서로서 표시를 피공탁자에게는 문서와 구두 둘 다 된다는 점을 같이 해서 암기한다.

원문은 [대판 1993.9.14. 93누4618] 이다. 공탁된 토지수용보상금의 수령에 관한 이의유보의 의사표시의 상대방은 반드시 공탁관에 국한할 필요가 없고 보상금 지급의무자인 사업시행자도 상대방이 된다.

- 회수제한신고를 공탁을 한 후에도 하는 것도 가능하다

1) 기본 암기

회로이론학+권욱현교수제어계측공학과 라고 해서 수제 부분을 외우고 앞의 회는 그런 전기공학과 관련이 된 회로이론학을 같이 해서 외운다. 그런 회수제한신고는 후에 즉 최후의 만찬의 그림을 보고난 후에 해도 된다고 생각한다. 이를 달리 외우면 회수제한 공탁한후 {회심일타} 〈횟수〉채워 〈회심〉회한

회수제한 신고는 공탁자가 공탁을 하면서 스스로 하는 신고를 말한다.

2) 최종 암기

[핵심요약] 회수 제한 탁후 에도
[암기요체캐릭터] 오덕후
[관련내용발언암기] 오덕후에도 횟수 등 제한해줘야 해

암기해설: 오덕후는 어디에 몰두하기에 제한 없이 마구 하려고 하기에 옆에서 그것을 제지해서 일반인들 말고 오덕후에도 회수제한을 마구해야 한다고 이야기를 한다.

- 토지수용보상금의 피공탁자가 공탁자에게 공탁금을 수령하지 아니한다는 의사를 표시하면, 공탁자는 민법 제489조에 따라 공탁금을 회수할 수 있다

최종이해적으로 일반적인 공탁과 달리 여기의 토지보상금공탁은 공익사업을 위한 토지 등의 취득 및 보상에 관한 법률에 의한 다소 비자발적인 것이기에 이는 맘대로 찾아가고 하는게 아니라는 게 논리이다.

웹문은 대판 1997.9.26. 97다24290, 대결 1988.4.8. 88마201 공익사업을 위한 토지 등의 취득 및 보상에 관한 법률 제40조 제2항에 의한 손실보상금의 공탁은 같은 법 제42조 제1항에 의하여 간접적으로 강제되는 것으로서 이와 같이 그 공탁이 자발적이 아닌 경우에는 민법 제489조의 적용은 배제되어 피공탁자가 공탁자에게 공탁금을 수령하지 아니한다는 의사를 표시하였다 할지라도 사업시행자는 그 공탁금을 회수할 수 없으므로 사업시행자가 피공탁자가 공탁금 수령을 거절한다는 이유로 그 공탁금을 회수한 것

은 부적법하다.

- 공탁물출급청구권의 양도가 있는 경우 공탁수락의 의사표시가 명시적으로 기재되어야만 그 양도통지 서의 도달과 동시에 공탁자의 민법 제489조 제1항에 의한 회수청구권은 소멸한다

최종이해적으로는 공탁수락의 의사표시가 명시적으로 될 필요는 없다고 한 논리가 크게 무리가 없다면 여기의 공탁물출급청구권의 양도에도 그대로 적용이 된다고 보면 된다.

원문은 행정 예규 제779호 1이다. 변제공탁의 경우 공탁관에게 도달된 공탁금출급청구권의 양도통지서에 공탁수락의 의사표시가 명시적으로 기재되어 있지 않더라도 적극적인 불수락의 의사표시가 기재되어 있지 않는 한 그 양도통지서의 도달과 동시에 공탁수락의 의사표시가 있는 것으로 보아 공탁자의 민법 제489조 제1항에 의한 회수청구권은 소멸된다.

- 저당채무의 공탁 후에 저당권설정등기가 말소되지 아니한 경우에는 민법 제489조에 의한 회수청구를 할 수 있다

이 지문의 확실한 이해를 위해서는 단계적으로 생각해볼 필요가 있다.

먼저 민법 제489조 제2항은 공탁으로 인하여 질권 또는 저당권이 소멸한 경우에는 공탁자가 공탁물을 회수할 수 없는 것으로 규정하고 있다. 이는

이미 질권이나 저당권이 소멸했기에 회수를 하기에는 버스 떠난 것으로 보자는 것이다. 그런데 꼭 그렇게 되지 않더라도 질권 저당권이 있는 채무는 공탁물의 회수가 있게 되면 채무는 처음부터 소멸하지 않았던 것으로 되고 따라서 담보권 역시 소멸하지 않았던 것으로 되나, 이렇게 되면 공탁 후 회수 전의 목적물의 제3취득자 등에게 불측의 손해를 줄 수밖에 없으므로 이 경우 질권과 저당권은 변제공탁의 성립으로 당연히 소멸되므로 공탁 후에 질물이 반환되었는지 또는 저당권설정등기가 말소되었는지 여부는 전혀 고려할 필요 없이 변제공탁의 성립과 동시에 민법 제489조에 의한 공탁물회수청구권은 확정적으로 소멸된다고 해석을 해야 한다.

마지막으로 한 번 더 볼 것은 가등기담보권이나 양도담보권의 경우이다 이때는 대판 1982.7.27. 81다495에 의한다 그래서 다음과 같이 봐야 한다: 민법 제489조 제2항의 규정은 가등기 및 본등기에 의하여 담보된 채무의 변제공탁으로 인하여 가등기담보권이나 양도담보권이 소멸하는 경우 에도 변제자가 공탁물을 회수할 수 없다는 취지를 포함하는 것은 아니므로, 양도담보권, 가등기담보권 등이 변제공탁으로 소멸된 경우에는 공탁자는 공탁물을 회수할 수 있다.

즉, 결론적으로 민법의 문헌에는 저당권설정등기가 되면 회수할 수 없다고 적혀져 있지만 그 것의 역해석으로 저당권 설정등기가 안되어 있다고 해서 막 가져갈 수는 없다고 즉, 막회수 할 수는 없다고 봐야 한다.

- 사업시행자가 공익사업을 위한 토지 등의 취득 및 보상에 관한 법률에 따라 적법하게 보상금을 공탁 하는 등 수용절차를 마친 이상 그 후에 민법

제489조 제1항에 따라 부적법하게 공탁금을 회수하였다는 사정만으로는 종전 공탁의 효력이 무효로 되는 것은 아니다.

최종이해적으로는 특히 수용은 아주 무거운 공적인 표시이기에 일단 보상금을 공탁하는 등으로 해서 변제의 표시가 되면 그것으로 일단 가는 것이니 나중에 부적법한 공탁의 회수는 별개의 문제로 해결하라는 취지가 된다.

웜문은 대판 1997.9.26. 97다24290: 사업시행자가 공익사업을 위한 토지 등의 취득 및 보상에 관한 법률에 따라 적법하게 보상금을 공탁하는 등의 수용절차를 마친 이상 수용목적물의 소유권을 원시적으로 적법하게 취득하므로 그 후에 부적법하게 공탁금이 회수된 사정만으로 종전의 효력이 무효로 되는 것은 아니다.

- 공탁자의 회수청구권을 소멸시키는 공탁유효의 판결에는 채무자가 공탁하였다는 항변이 인정되어 원고의 청구를 기각한 민사판결분만 아니라 공탁에 기한 정상참작을 받은 사실이 나타나 있는 형사판결도 포함된다

[핵심요약] 참작 판결 아니다
[암기요체캐릭터] 참자기로살아가기(케이스에블로우)
[관련내용발언암기] 참자기로 살려면 참작되는 판결로 되는 게 아니다라고 봐야해

암기해설: 진실로 되어야 한다는 의미인데 그래서래도 참작하는 판결로는 안 된다.

PART VI. 수용보상금 공탁

제1절 수용보상금 공탁절차

- 토지수용재결 후 보상금을 지급하기 전에 토지소유자가 사망하여 그 상속인에게 보상금을 지급 하고자 하나 사업시행자로서는 상속인의 범위 또는 상속지분을 구체적으로 알 수 없는 경우에도 절대적 불확지 공탁을 한다

최종이해로는 상대적 불확지공탁은 분명히 누구인가는 받을 사람이 정해져 있는데 이들 중 누구인가를 모르는 경우이고 그렇지 않고 누구인가의 사람이 정해지지 않으면 그것은 절대적 불확지 공탁이 된다.

원문은 공탁선례 제 1-21 호이다. 토지수용재결 후 보상금을 지급하기 전에 토지소유자가 사망하여 그 상속인에게 보상금을 지급하고자 하나 사업시행자로서는 상속인의 범위 또는 상속지분을 구체적으로 알 수 없는 경우에는 피공탁자 불확지공탁을 할 수 있으며, 이 경우 피공탁자의 성명 주소란에는 "망 000 (주소병기) 의 상속인이라고 적는다.

-공익사업을 위한 토지 등의 취득 및 보상에 관한 법률에 따른 토지소유자 또는 관계인의 사업시행자에 대한 손실보상금 채권에 관하여 압류 및 추심명령이 있는 경우, 채무자인 토지소유자 등이 보상금의 증액을 구하는 소를 제기하고 그 소송을 수행할 당사자적격을 상실하지 않는다

원문은 대법원 2022. 11. 24. 선고 2018두67 전원합의체 판결 [손실보상금]

-사업시행자가 재결에 불복하여 이의신청을 거쳐 행정소송을 제기하는 경우에는 원칙적으로 행정소송 제기 전에 이의재결에서 증액된 보상금을 공탁하여야 하지만, 제소 당시 그와 같은 요건을 구비하지 못하였다 하여도 사실심 변론종결 당시까지 그 요건을 갖추었다면 그 흠결의 하자는 치유되었다고 본다.

원문은 대법원 2008. 2. 15. 선고 2006두9832 판결 [토지수용이의재결보상금감액청구] [공2008상,398]: 사업시행자가 재결에 불복하여 이의신청을 거쳐 행정소송을 제기하는 경우 이의재결에서 증액된 보상금을 공탁하여야 할 시기(時期): 공익사업을 위한 토지 등의 취득 및 보상에 관한 법률 제85조 제1항의 규정 및 관련 규정들의 내용, 사업시행자가 행정소송 제기시 증액된 보상금을 공탁하도록 한 위 제85조 제1항 단서 규정의 입법 취지, 그 규정에 의해 보호되는 보상금을 받을 자의 이익과 그로 인해 제한받게 되는 사업시행자의 재판청구권과의 균형 등을 종합적으로 고려하여 보면, 사업시행자가 재결에 불복하여 이의신청을 거쳐 행정소송을 제기하는 경우에는 원칙적으로 행정소송 제기 전에 이의재결에서 증액된 보상금을 공탁하여야 하지만, 제소 당시 그와 같은 요건을 구비하지 못하였다 하여도 사실심 변론종결 당시까지 그 요건을 갖추었다면 그 흠결의 하자는 치유되었다고 본다.

제2절 수용보상공탁금의 출급회수

- 수용보상금이 상대적불확지 공탁이 된 경우 공탁자의 승낙서나 국가를 상대로 한 공탁물출급청구권 확인판결 등은 출급청구권이 있음을 증명하는 서면이 될 수 없다

최종이해로는 상대적 불확지 공탁이 되면 그것은 이제 완전히 파트너 대 파트너의 문제처럼 바로 상대적으로 피공탁자로 떠오른 사람과의 문제가 된다. 그러니 누구 다른 사람이 개입해서 해결을 할 수가 없다. 그래서 상대적불확지 공탁이 된 경우에는 그 다른 사람인 피공탁자의 승낙서나 피공탁자를 상대로 한 공탁물출급청구권 확인판결 등은 출급청구권이 있음을 증명하는 서면이 될 수 있다. 반대로 그게 아닌 다른 사람 즉, 공탁자의 승낙서나 국가를 상대로 한 공탁물출급청구권 확인판결 등은 출급청구권이 있음을 증명하는 서면이 될 수 없다.

- 공탁자가 토지를 수용하면서 가처분권자가 있어서 그 토지의 합유자들과 위 가처분권자를 피공탁자 로 한 상대적 불확지공탁을 한 경우에 합유자들은 공탁 이후에 가처분권자의 가처분취하로 인한 가처분취하증명원을 첨부하여야 공탁금을 출급할 수 있다

원문은 행정예규1061호등이다. 공탁자가 토지를 수용하면서 가처분권자가 있어서 그 토지의 합유자들과 위 가처분권자를 피공탁자로 한 상대적 불확지공탁을 한 경우에 합유자들이 공탁금을 출급하기 위하여는 공탁 이후에 가처분권자의 가처분취하로 인한 가처분취하증명 원은 공탁금출급 청구권이

있음을 증명하는 서면이 될 수 없고, 가처분권자의 승낙서 (인감증명서 첨부) 등이 필요하다.

최종이해를 위해서라면 토지를 수용하면서 가처분 등은 이미 저세상의 것이 되었다. 그러니 거기에 대고 가처분취하를 한다고 해도 그것은 수용개시일을 넘나드는 저세상의 일이 된다. 그러니 그것으로는 안 되고 그 가처분권리자의 확실한 동의서를 갖고 와야 한다는 게 논리이다.

- 저당권자의 토지수용절차의 물상대위권행사와 관련하여 사업인정의 고시가 있으면 수용대상토지에 대한 손실보상금의 지급이 확실시되므로, 토지수용의 재결 이전 단계에서도 물상대위권을 행사할 수 있다

[핵심요약] 고시 확실시
[암기요체캐릭터] 니가타고시히까리쌀
[관련내용발언암기] 밥맛이 좋은 게 확실시된다고 봐야해

암기해설: 일본의 나가타현 출신의 고시히까리쌀은 밥맛이 확실히 좋다고 본다는 의미가 되어서 고시가 있으면 보상도 확실히 된다고 봐야 한다.

원문은 대판 1998.9.22. 98다 12812이다. 담보권자는 사업인정의 고시가 있으면 수용대상토지에 대한 손실보상금 의 지급이 확실시되므로 토지수용의 재결 이전 단계에서도 물상대위권의 행사로서 피수용자의 사업시행자에 대한 손실보상금 채권을 압류 및 전부 받을 수 있다.

- 담보권자는 공익사업을 위한 토지 등의 취득 및 보상에 관한 법률에 의한 사업인정의 고시가 있으면 토지수용의 재결 이전 단계에서도 물상대위권의 행사로서 피수용자의 사업시행자에 대한 손실보상금 채권을 압류 및 전부를 받을 수 있지만, 그 압류 전에 양도 또는 전부명령 등에 의하여 보상금 채권이 타인에게 이전된 경우라면, 보상금이 직접 지급되거나 보상금지급청구권에 관한 강제집행절차에 있어서 배당요구의 종기에 이르기 전이라도 그 청구권에 대한 추급은 불가능하다

원문은 대판 1998.9.22. 98다12812이다, 담보물권자가 물상대위권을 행사하기 전에 양도 또는 전부명령 등에 의하여 보상금 채권이 타인에게 이전된 경우라도 보상금이 직접 지급되거나 보상금지급청구권에 관한 강제집행절차에 있어서 배당요구의 종기에 이르기 전에는 여전히 그 보상금지급청구권에 대한 추급이 가능하다.

최종 이해로는 결국 포인트가 담보권은 여전히 존재해서 특히 보상금이 직접 지급되면 거기에 바로 작용하거나 아니면 배당요구의 종기에 이르기 전에는 여전히 유효하게 간다고 보는 것이다.

PART VII. 재판상 담보공탁

- 제1심에서 제공한 담보에 대해서 항소심에서 다시금 담보가 제공되었다는 이유로 해서 취소되는 게 아니라 담보를 제공한 당사자의 승소판결이 확정되어야 받을 수 있다

1) 기본 암기

항소재담보 승소확정 {항문외과} 〈항소외과〉 〈항문재담보〉

2) 최종 이해

이게 출제가 되는 모습은 이런 지문으로 해서 틀리게 나온다. 제1심판결과 항소심판결에 대한 강제집행정지를 위하여 담보공탁을 두 차례 걸쳐 한 경우, 제1심에서 제공한 담보는 항소심에서 다시 담보가 제공되어 담보제공사유가 소멸하였으므로 담보취소결정을 받아 공탁금을 회수할 수 있다. 이렇게 나오면 틀린 이유를 잘 파악해야 한다. 즉 판례의 태도는 이런 재판보증공탁은 확정이 되는 식으로 해서 사법관계가 다 끝나야 회수가 되지 그 중간에 다시 담보가 또 제공되었다고 해서 봐주는 것은 아니라는 태도이다.

웜문은 공탁선례 제 1-205호 제1심에서 제공한 담보에 관하여는 항소심에서 다시 담보가 제공되었다는 이유로 담보사유가 소멸되었다고 할 수 없으며, 담보를 제공한 당사자의 승소판결이 확정된 경우 또는 그것에 준하는 경우에만 담보의 사유가 소멸하는 것이다.

- 법원의 재판상담보공탁에서의 담보제공명령에 의해서 현금공탁을 한 후에

법원이 담보물을 변환하는 것에 관한 재량이 있다 즉 현금에서 유가증권으로의 담보물변경은 가능하다

1) 기본 암기

현금서유가로 재판상담보 {현대로템} 현대유가로 현대로

2) 최종 이해

이것은 우리가 상식적으로 '법원이 그 정도는 할 수 있겠지'하는 식으로의 생각으로 확정이 가능하다.

그래서 '법원의 담보제공명령에 의하여 현금공탁을 한 후에는 법원이 담보물을 변환하는 것에 관한 재량이 없으므로 이를 유가증권으로 변경하는 것은 허용될 수 없다'고 출제가 되면 (X) 가 된다.

- 법원의 담보제공명령에 의하여 현금 공탁을 한 후 이를 유가증권으로 변경하는 것도 허용될 수 있다

이렇게 바로 시험에 나오면 일단 정답은 O이다. 그런데 이게 마치 읽기에 따라서는 공탁자가 마음대로 유가증권으로 내는 것을 말하는 것처럼 오해를 할 수 있다. 그것은 절대 아니고 결국 법원의 허가가 같이 있어야 한다. 그래서 담보물변경은 유가증권의 상환기가 도래한 경우에 주로 이용되지만, 법원의 담보제공명령에 의하여 현금 공탁을 한 후 이를 유가증권으로 변경

하는 것도 허용될 수 있다. 즉 법원의 허가(물론 당사자가 신청하겠지만)가 있으면 가능하다고 봐야한다. 판례는 공탁한 담보물이 금전인 경우에 유가증권으로 담보물을 변환하는 것은 법원의 재량에 속한다고 하고 있다. 이는 원문은 대결 1977.12.15. 77그27 이다.

- 당사자 본인에게 공탁명령이 나간 경우에도 제3자는 당사자를 대신하여 공탁할 수 있다. 이 경우 법원의 허가나 담보권리자의 동의도 필요가 없다
: 가능하다는 사실의 암기

1) 기본 암기

담보공탁 제3자가 {당선사례} 〈당선담보〉 〈당선좋다〉

2) 최종 암기

[핵심요약] 재판 담보 삼자
[암기요체캐릭터] 삼사학교교장
[관련내용발언암기] 우리 학생들이 재판을 해도 내가 다 담보를 해준다

암기해설: 든든한 삼사관학교교장이다.

- 가압류나 가처분의 집행 후에 집행채권자가 본안소송에서 패소확정되었다면 그 보전처분의 집행으로 인하여 채무자가 입은 손해에 대하여 특별한

반증이 없는 한 집행채권자에게 고의 또는 과실이 있다고 추정되고 따라서 그 부당한 집행으로 인한 손해에 대해서 이를 배상할 책임이 있다

1) 기본 암기

패소확정 고의과실 {패스트랙} 〈패스트〉하게 〈패스트의도〉

2) 최종 암기

[핵심요약] 패소 권자 고의
[암기요체캐릭터] 김소월고이접어보내드리오리다
[관련내용발언암기] 패서자같은 심저응로 권자에게 고이보대드리오리라고 봐야해

- 가압류를 위해서 제공된 담보공탁이 담보하는 손해배상의 범위에는 그 가압류자체를 다투는데 필요한 소송비용도 포함한다

1) 기본 암기

소송비용 담보공탁 {소화효소} 〈소화원활〉 〈소담〉스럽다

2) 최종 암기

[핵심요약] 가압 다투 포함

[암기요체캐릭터] 다루가지
[관련내용발언암기] 가압을 하는 것도 고려에 포함시켜야해

암기해설: 포악한 가루가치이다

- 가압류를 위해서 제공된 담보공탁이 담보하는 손해배상의 범위에는 피고가 본안소송에서 치리는 변호사비용 등은 포함하지 않는다

[핵심요약] 피고 변호 않는다
[암기요체캐릭터] 비구니
[관련내용발언암기] (불교를 배척하는) 다른 세력에 대해서는 변호를 않아야 해

암기해설: 블교는 포용의 정신이지만 그래도 불교의 탄압자에 대해서는 변호를 하지 않는 단호함을 보인다.

- 재판상 담보공탁의 관할은 따로 규정이 없다

1) 기본 암기

관할은 담보공탁은 {관념없다} 〈관할없다〉 〈관념헤픈〉

2) 최종 암기

공탁소의 관할에 관해서는 일반적인 규정은 없으며, 원칙적으로 공탁소의 토지관할은 없다고 할 수 있다.

[핵심요약] 담보 관할 없다
[암기요체캐릭터] 덤보(코끼리)
[관련내용발언암기] 아직은 어리니까 어디 관할에 메인 데가 없다고 봐야해

원문은 공탁선례 제 1-13호. 법원의 담보제공명령에 따라 공탁을 할 공탁소에 관하여는 특별한 제한규정이 없으므로 담보제공자가 임의로 정한 공탁소에 공탁하면 된다.

- 가집행선고부 제1심 판결이 항소심 판결에 의하여 취소되거나 또는 가집행선고가 붙은 항소심 판결 이 상고심에서 파기되어 환송되었더라도, 각 본안판결이 아직 확정되지 아니한 이상 가집행판결의 집행정지를 위한 담보사유가 소멸한 것이라고 볼 수 없다.

최종이유적으로는 아래와 같이 이해한다.

항고심에 대해서는 대결 1983.9.28. 83마4351 가집행선고부 제1심 판결이 항소심판결에 의하여 취소되었더라도 그 항소심판결이 확정되지 아니한 이상 가집행선고부 제1심 판결의 집행정지를 위한 담보사유가 소멸한 것이라 볼 수 없다.

다만 대법원상고심은 다르다. 즉, 이는 대결 1984.4.26. 84마 171 이 원문이다. 가집행선고가 붙은 항소심판결이 상고심에서 파기되어 항소심에 환송된 경우에는 비록 본안판결이 확정되지 아니하였다 하여도 위의 가집행선고가 붙은 판결집행을 정지하기 위하여 제공된 담보는 그 담보원인이 소멸되었다고 할 것이다. 그 이유는 상고심에서 그 항소심 판결이 파기되면 더 이상 불복절차가 없기 때문이다. 항소심에서는 상고심으로 갈 수 있지만 말이다.

제1절 총론

- 저당권이 있는 채권에 대한 압류의 효력은 저당권자의 배당금청구권에 미친다고 해석되어서 저당권자를 피공탁자로 집행공탁은 가능하다

1) 기본 암기

피공탁집행 저당권자 {피구효과} 〈피구저당권〉 〈피구피공탁〉

2) 최종 이해

이게 틀리게 출제가 되면 '저당권이 있는 채권에 대한 압류의 효력은 저당권자의 배당금청구권에 미친다고 해석할 수 없으므로, 저당권자를 피공탁자로 하여 공탁을 할 수 없다.' 고 출제가 된다.

보통 편람이나 해설서에도 '저당권이 있는 채권이 압류 (가압류를 포함한다) 된 것만으로는 그 채권의 권리자가 바뀌는 것은 아니지만'이라고 적혀 있는데 이를 바뀌는 것은 아니어서 라고 해석을 해도 크게 무리가 없다.

-가압류의 공탁 내에서의 성질을 잘 이해해야 한다: 가압류가 사람을 잡는다

가압류가 사람을 잡는다. 정말로 가압류는 시험에 나오기에 이해를 묻기에 좋은 요소이다. 썸은 사랑과는 다르지 않은가? 내 것 같은 내 것 아닌 너

같은 노래처럼 그래서 가압류도 그런 것이다. 가압류는 압류 비슷한데 압류는 아니다. 즉 아직은 가짜 공갈포다. 그런데 그렇다고 해서 가짜로서만도 아니다. 분명히 아주 압박적 기능을 주기는 하기에 말이다. 그리고 언제라도 달려 나가서 압류로 변할 수 있다. 즉 경매단계로 나갈 수 있다. 그게 가압류다.

제2절 압류를 원인으로 한 공탁

- 채권압류를 원인으로 해서 공탁이 성립한 후에 그 공탁원인이 된 압류명령의 효력이 실효된 경우에는 제3채무자는 공탁원인 소멸로 인해 지급위탁절차에 의해서 공탁금의 출급이 가능하다

1) 기본 암기

압류실효 지급위탁 {암행어사} 〈암행압류〉〈압류위탁〉

2) 최종 이해

여기서 지급위탁절차에 의해서 출급하라 지급하라는 것은 '다 이제 끝났으니 다 정리하고 처분하라' 정도의 의미로 이해해도 된다.

3) 더 심화된 이해를 위한 비교

행정예규 제1018호 제3채무자의 권리공탁에 관한 업무처리절차가 원문이 되고 있다

두 가지를 나눠서 두 개를 하면

제3채무자의 공탁 후 압류 또는 가압류된 경우

가. 압류가 실효된 경우

금전채권에 대한 압류를 이유로 제3채무자가 민사집행법 제248조 제1항에 의하여 공탁한 후에, 압류명령이 취소되거나 신청의 취하 등으로 인하여 압류가 실효된 경우, 채무자는 압류된 채권액에 대하여 집행법원의 지급위탁에 의하여 공탁금의 출급을 청구할 수 있다.

나. 가압류가 실효된 경우

금전채권에 대한 가압류를 이유로 제3채무자가 민사집행법 제291조 및 제248조 제1항에 의하여 공탁한 후에. 가압류명령이 취소되거나 신청의 취하 등으로 인하여 가압류가 실효된 경우, 가압류채무자는 공탁통지서와 가압류가 실효되었음을 증명되었음을 증명하는 서면을 첨부하여 공탁관에게 공탁금의 출급을 청구할 수 있다.

여기서 전자는 이미 정식으로 압류가 된 것이고 그래서 배당에 해당하는 지급위탁으로 해결을 하라는 것이다. 후자는 가압류이기에 그 상태가 취소가 되었다면 그냥 바로 공탁금을 출금할 수 있게 해달라고 해서 해결을 하는 것이다.

제3절 금전채권에 대한 가압류를 원인으로 하는 공탁

- 금전채권에 대한 가압류를 이유로 제3채무자가 집행공탁을 한 후에 가압류 명령이 취소되거나 신청의 취하 등으로 가압류가 취소된 경우에 가압류채무자는 공탁통지서와 가압류가 취소되었음을 증명하는 서면을 제출하여 공탁금의 출금을 청구할 수 있다

집행탁취소 증명서면출 {집고산경} 집행산경 집행가능

제4절 가압류 해방금공탁

- 가압류채무자가 복수인 경우, 가압류명령에서 정한 금액 중 자신들의 채무액만큼만 공탁하고 가압류 집행의 일부취소를 구하는 것은 허용되지 않는다

1) 기본 암기

자신채무만 일부취소는 {자린고비} 〈자린지리〉 〈자린자신〉

2) 최종 이해

해당 채무자의 입장만 보면 그러하나 이것은 다수의 채권자 압류채권자가 관련이 되는 것이기에 그렇게 할 수가 없다. 그래서 결국은 이것을 허용하면 국가에 대한 일을 채무자들이 자기들 맘대로 조율하고 쪼개고 하는 결과가 나와서 그것은 안 된다.

- 가압류해방공탁은 공탁서에 피공탁자를 기재하지 않는다

누가 이 돈을 찾아갈 것이라고 해서 하는 공탁의 모습이 아니어서이다.

PART IX. 혼합공탁

- 현행 민사집행법은 가압류에 대해서도 집행공탁을 인정한다

1) 기본 암기

가압류 집행공탁도 {가가오톡} 가압류톡 가압류터짐

2) 최종 이해

가압류가 들어와도 일단 집행공탁을 해서 마무리를 짓고 나중에 배당액 분배가 다 끝나면 배분해서 나눠주는 식으로 처리를 한다.

PART X. 공탁물지급청구권의 변동

- 공탁물지급청구권의 양도통지는 양도인이 채무자인 국가에 해야 한다. 양수인 자신이 하거나 양수인이 대위해서는 하지 못 한다

1) 기본 암기

양도통지 양수대위 {양쪽다리} 〈양다리〉다 〈양재물〉다. 즉 대위는 자기권한으로 하는 것이라서 안 되고 대리나 사자만 된다.

2) 최종 이해

이는 대위로 할 수 있는 성질이 아니라 그 사람의 진실한 마음과 관련이 되는 관념의 통지이기에 직접 해야 한다.

- 공탁물지급청구권의 양도통지는 양도인이 직접 하지 아니하고 사자 (使者) 또는 대리인을 통하여 할 수 있으므로, 양수인도 양도인으로부터 양도통지 권한을 위임받아 대리인으로서 그 통지를 할 수 있다.

원문은 대판 2004.2.13. 2003다4349이다. 채권양도통지는 양도인이 직접 하지 아니하고 사자를 통하여 하거나 대리인으로 하여금 하게 하여도 무방하고, 채권의 양수인도 양도인으로부터 채권양도통지 권한을 위임받아 대리인으로서 그 통지를 할 수 있다.

특히 양수인이 대위해서는 하지 못한다와 양수인이 위임을 받아서 대리로는 가능하다의 두 가지 문장이 헷갈리지 않게 조심을 해야 한다.

- 변제공탁의 경우, 공탁관에게 도달된 공탁금출급청구권의 양도통지서에 공탁수락의 의사표시가 명시적으로 기재되어 있지 않아도 적극적인 불수락의 의사표시가 없는 한 회수청구권은 소멸한다

수락없어도 적극없는한 〈수어지교〉 〈수어〉하자 〈수락〉한셈으로 암기한다. 조금 상황이 납득이 안가보이는 요소가 있지만 그것은 너무 줄여놔서 그렇다. 여기서 적극적 불수락이 없다면 채권자로서는 수락한 것으로 봐서 이제 채무자인 공탁자의 회수청구권은 사라지게 된다는 의미가 된다. 즉 원래 찾아가겠다는 의사표시로 회수 청구권은 소멸되는데 양도통지를 했다는 것은 찾아가겠다는 것과 유사한 것으로 본다는 의미를 가진다.

- 공탁물출급청구권이 양도통지를 한 후 그 양도계약이 해제된 경우 그 해제를 이유로 채무자 기타 제3자에게 대항할 수 있기 위해서는 양수인이 채무자에게 해제사실을 통지해야 한다

1) 기본 암기

양도해제 양순통지 {양악수술} 〈양순〉하다 〈양수〉보호

2) 최종 이해

이는 역으로 양도의 경우와 유사하게 보는 측면에서의 접근이다.

PART XI. 공탁관의 사유신고

-사유신고의 기본마인드를 잘 가지고 있어야 한다

사유신고는 그야 말로 사유를 신고하는 것이다. 즉 왜 자신이 그런 행동을 했는지에 대해서 신고를 한다. 그런데 이렇게만 놓고 보면 공부를 하는 입장에서는 좀 답답한 게 있다. 즉 그렇게 해서 사유를 신고한다는 사전적 의미는 알겠는데 왜 하고 뭘 하는가 하는 점이다. 그것을 잘 이해하고 활용하고 문제를 풀어내기 위해서는 다음의 점을 알아야 한다

압류를 해서 전부명령을 하는 집행법원 쪽과 공탁 관련한 파트는 서로 잘 모른다. 우리는 그 사안에 대해서 종합적으로 받아들고 아 저기가 저렇게 채권을 가지고 있어서 그런 저런 권리행사를 하는구나 하고 생각하지만 실제로 각 처리자 사이는 그렇지 않다. 공탁소 쪽은 공탁만 처리를 할 뿐이고 그 채권과 관련한 법원은 판단을 해서 집행과 관련한 처리 즉 압류명령과 추심 전부명령을 내릴 뿐이다. 그러니 공탁소 입장에서는 아니 먼저 집행공탁을 한 당사자 입장에서는 왜 집행공탁을 했는지를 알려줘야 한다. 어디에? 압류명령과 전부나 추심명령을 한 집행법원에 말이다. 그러면 집행법원 입장에서는 어? 이게 공탁이 되어 있어? 그럼 지금 돈을 공탁물보관소가 가지고 있다는 거잖아? 그럼 나눠주는 빚잔치를 해야겠네 하고 생각을 하게 된다. 그리고 행동에 옮기게 된다. 그러니 언제 사유신고를 하지? 하고 어렵게 접근할게 아니라 공탁을 해서 돈이 있고 그 돈을 나눠줘야 하는데 언제 나눠주는 행동이 시작될까 하는 관점에서 본다면 그 답이 쉽게 나온다. 그게 사유 신고의 본질이다. 즉 1> 서로 모른다는 점 2>그리고 돈이 확보가 되었다는 점이다.

-금전공탁이 아닌 유가증권공탁의 지급청구권에 대해서 압류가 경합된 경우 공탁관은 사유신고를 하지 않는다

유가공탁 압류사유는 {유구무언} 유가유구 유가무언

-공탁관은 상대적불확지공탁에서 피공탁자 중 일방의 공탁금출급청구권에 대해서 압류의 경합이 있는 때는 당해피공탁자에게 출급청구권이 있음을 증명하는 서면이 제출된 때 사유신고를 해야 한다

상대불확 압류경서면 {상징주의} 상징제출 상징신호

PART XII. 공탁지급청구권의 소멸시효와 국고귀속 등

- 공탁관이 공탁자 또는 피공탁자에게 당해 사건의 공탁금을 지급할 수 있다는 취지로 구두로 답해도 소멸시효는 중단된다

1) 기본 암기

구두중단 공탁관지급 {구사일생} 구사지급 구사중단

2) 최종 암기

[핵심요약] 탁관 구두 중단
[암기요체캐릭터] 중국당간부들우리아버지가혁명을할때너희아버지는구두끈을팔았다
[관련내용발언암기] 딱하지만 너희들에 대한 동정을 중단해야해

암기해설: 중국공산당간부들이 자본주의파에게 매몰차게 한 내용이다. 탁관이 딱하지만 이라는 내용으로 전환이 되었다.

- 일괄공탁한 공탁금의 일부에 대해서 출급 또는 회수청구를 공탁관이 인가한 경우 나머지 잔액에 대해서도 소멸시효가 중단된다

일부인가 나머지중단 {일만시간} 일부일만 일부시간

- 공탁금 지급청구에 대해서 첨부서면의 불비를 이유로 불수리결정을 하는

경우, 공탁금 지급청구권의 시효가 중단된다

첨부불비 시효중단이 {첩혈쌍웅} 첩혈쌍웅 첨부봐주네

PART XIII. 공탁관계서류의 열람 및 사실증명

-공탁관계서류에 관한 등초본교부는 안 되지만 인증이 없는 단순한 사본은 열람청구의 연장으로 청구가 가능하다

공탁서류 단순사본이 {공하신년} 공하공탁 공하단순

PART XIV. 공탁관의 처분에 대한 불복

-공탁관의 처분에 대해서 불복이 있는 경우에 공탁법 소정의 이의절차를 거치지 않고 곧바로 국가를 상대로 민사소송을 제기해서 공탁금 청구를 함은 허용되지 않는다

1) 기본 암기

공탁불복 민사소송은 {공기낭종} 공탁낭종 공기공탁

2) 최종 암기

[핵심요약] 탁관 민사 허않 안돼
[암기요체캐릭터] 탁관철성형외과교수(연세대의대)
[관련내용발언암기] 박근혜 수술은 민사로는 허용해서는 안된다고 봐야해

암기해설: 박근혜 커터칼 피습당시 집도를 맡음. 민사로는 안 되고 공적으로 해결을 해야 한다고 주장을 한다.

-공탁관의 처분에 대하여 이의에 대해서는 제한기간은 원칙적으로 없다

공탁관이의 신청기간은 {공공의적} 공탁관적 공공공탁

-전자신청에 대한 처분에 불복에 있는 자는 이의신청도 전자로 할 수 있다

이를 외우기 위해서는 전자와 불복을 결합한다. 그리하여 운전자보험과 불독을 결합한다. 불독 [불려진것도] {부럽부럽} 운전자보험 카바로 외운다. 좀 더 개선되게 해서는 불복신청도 전자가능 {부럽부럽} 부럽전자 부럽지요 라고 외운다.

-공탁관의 불수리결정에 대한 이의신청은 공탁소에 이의신청서를 제출함으로서 한다

1) 기본 암기

이를 외우기 위해서는 불수리와 공탁소를 같이 해서 외운다. 그래서 불수산(해산전후에내리는처방)과 공닥(공사중개플랫폼)을 같이 외운다. 불수산 [받아들여] {벙글벙글} 공닥(만들다)라고 외운다. 간단히는 불수리이의 공탁소에 {불황탈출} 불수리에 불같은이의 이라고 해두자. 불수리를 했기에 공탁소가 건실해졌나 보다.

2) 최종 암기

[핵심요약] 불수 이의 탁소
[암기요체캐릭터] 이의정
[관련내용발언암기] 불수노리개를 이의정 측이 유품으로 받은 것을 탁 쏘아야해

암기해설: 젊은 나이에 불교를 믿으면서 짧은 생을 마감한 이의정이다.

PART XV. 전자공탁시스템에 의한 공탁절차

-법인 아닌 사단은 전자공탁신청을 할 수 없다

1) 기본 이해

법인 아닌 사단은 전자적으로 대표자개인과 조직 간의 관계를 증명할 수 없기에 전자신청을 할 수 없다고 한다. 그것은 문언상으로 제시되는 이유이다. 이를 암기하기 위해서는 '법인아닌사단'과 전자공탁을 연결한다. 부정적으로 연결한다. 인간이 아니다와 전자를 같이 해서 외운다. '[절도와] 전자를 하니 인간이아니다; 라고 외운다. 4자대표어가 더 붙어서 [절도와] {점입가경} 전자를 {하니} 인간이아니다 라고도 외운다. 거기를 더 간단히 하면 아닌 전자 {점입가경} 이라고 외운다. 다시 하면 전자공탁 아닌사단 {점입가경} 〈전멸〉이다 〈점멸〉이다.

2) 최종 이해

결국 이는 아직은 전자공탁시스템의 시스템 불비라고 쉽게 이해를 하면 된다.

-미성년자의 경우에는 전자공탁신청을 할 수 없다

1) 기본 암기

원래 그 이유는 전자공탁시스템으로 그 미성년자가 부모의 동의 없이 유효한 공탁행위능력을 갖는지를 알 수 없기에 그렇다. 그런데 외울 때는 미성년자+전자공탁으로 해서 외운다. 미성(아주작은 소리)+전자(글자가 뒤집어짐)로 하여서 외운다. 미성으로도 [미약해도] 전자가 (된다) 즉 글자가 뒤집어진다고 해서 외우자. 아니면 미성년자 전자공탁 {미스테리} 〈미혹〉되게 〈미로〉처럼

2) 최종 암기

[핵심요약] 미성 전자 없다
[암기요체캐릭터] 박미선
[관련내용발언암기] 전작이 없다고 봐야해

암기해설: 신랑 이봉원이 워낙 술을 많이 마시고 다녀서 자신은 안 마신다

3) 최종 이해

진정한 부모의 동의를 문서라든지 그렇게는 파악을 할 수 없는 한계 때문이라고 생각하면 된다.

-전자공탁의 신청대리는 자격자대리인만이 할 수 있다, 일반인은 못 한다

이는 부정적으로 봐야 하기에 전자 즉 글자가 뒤바뀜과 일번턱뼈갈림증을 같이 해서 외운다. 즉 전자 전념보다보니 일번턱뼈갈림증왔다고 해서 외운다. 다시하면 전자대리 자격자만 {전성시대} 〈전념〉하라 〈전자시대〉

-전자문서에 의해서 공탁금의 출급 또는 회수를 하는 경우 인감증명 제출이 필요없다

1) 기본 암기

이는 부정적으로 봐야 하기에 전자 즉 글자가 뒤바뀜과 인감을 같이 해서 외운다. 글자가 뒤바뀐것과 인감질 즉 사람을 감질나게 하는 것을 같이 해서 외운다. [인식에] 전자되니 인감질이 (생기더라)고 외운다. 새롭게는 전자문서 인감증명은 {전도장애} 전도어쩌라 전도막지마

2) 최종 이해

그러자고 전자를 도입해서 인증서 등으로 그 사람의 진정성을 확인하고자 함이다.

도 서 명: 금융감독원 직원들을 위한 공탁법 쉽게 이해하기
저   자: 자격증수험연구회
초판발행: 2024년 08월 26일
발   행: 수학연구사
발 행 인: 박기혁
등록번호: 제2020-000030호
주   소: 서울특별시 영등포구 버드나루로 130 1층 104호(당산동, 강변래미안)
Tel.(02) 535-4960   Fax.(02)3473-1469

Email. kyoceram@naver.com

수학연구사 Book List

9001 고1,고2 내신 수학은 따라가지만 모의고사는 망치는 학생의 수학 문제 해결법
저자 수학연구소 / 19,500

9002 이공계 은퇴자와 강사를 위한 수학 과학 학습상담센터 사업계획 가이드
저자 수학연구소 / 19,500

9003 고3 재수생 수능 수학 만점, 양치기를 어떻게 바라보고 극복할 것인가
저자 수학연구소 / 19,500

9004 대학생들이 세상에서 가장 효율적으로 일본어를 정복하는 방법
저자 최단시간일본어연구회 / 19,500

9005 프랑스어를 꼭 공부해야 하는 대학생들이 쉽게 어려운 단어를 외우는 방법
저자 최단시간프랑스어연구회 / 19,500

9006 중국어를 빠르게 배우고 싶은 해외 파견 공무원들을 위한 책
저자 최단시간중국어연구회 / 19,500

9007 변리사들이 효율성 높게 일본어를 익히는 법
저자 변리사실무연구회 / 19,500

9008 세무사가 업무상 필요한 일본어 청취를 빠르게 습득하는 법
저자 세무사실무연구회 / 19,500

9009 심리상담사가 프랑스어 단어를 빠르게 익히는 방법
저자 상담심리실무연구회 / 19,500

9010 업무용 일본어 듣기의 효율성을 높이는 법: 해외파견공무원용
저자 공무원실무연구회 / 19,500

9011 관세사들이 스페인어 단어를 쉽고 빠르게 외우는 법
저자 관세사실무연구회 / 19,500

9012 스페인어 리스닝을 쉽게 하는 법: 해외파견금융기관직원을 위한 책
저자 금융실무연구회 / 19,500

9013 관세사가 알면 좋을 프랑스어 단어를 효율적으로 외우는 법
저자 관세사실무연구회 / 19,500

9014 법조인이 알면 좋을 스페인어 단어를 빠르게 익히는 법
저자 법조인실무연구회 / 19,500

9015 법조인이 알면 좋을 스페인어 단어를 빠르게 익히는 법
저자 법조인실무연구회 / 19,500

9016 미용 뷰티업계에서 알면 좋을 이탈리아어 단어 빠르게 외우는 법
저자 뷰티실무연구회 / 19,500

9017 간호대학생과 간호사 의학용어시험 만점! 심장순환계통단어 암기법
저자 의학수험연구회 / 19,500

9018 항공공항업계에서 알면 좋을 스페인어 단어 스피드 암기법
저자 항공공항실무연구회 / 19,500

9019 약사와 약대생을 위한 의학용어 만점암기법_ 심장순환계와 근육계
저자 의학수험연구회 / 19,500

9020 한의사와 한의대생을 위한 양의학용어 암기법_ 호흡기와 감각기
저자 의학수험연구회 / 19,500

9021 의료변호사를 위한 의학용어 암기법_ 소화기와 비뇨기
저자 의학수험연구회 / 19,500

9022 건강보험공단 직원과 취준생을 위한 의학용어 암기법_ 감각기와 호흡기
저자 의학수험연구회 / 19,500

9023 간호사 국가고시 합격기간 단축하기_ 1교시 성인간호, 모성간호
저자 의학수험연구회 / 19,500

9024 건강보험공단 직원과 취준생을 위한 의학용어 암기법_ 감각기와 호흡기
저자 의학수험연구회 / 19,500

9025 수의사와 수의대생을 위한 의학용어 암기법_ 근골격계와 심장순환계
저자 의학수험연구회 / 19,500

9026 식품위생직, 식품기사 시험을 위한 식품미생물 점수 쉽게 따기
저자 식품위생연구회 / 19,500

9027 영양사 시험 스피드 합격비법_ 1교시 영양학, 생화학, 생리학 중심
저자 영양사시험연구회 / 19,500

9028 영양사 시험 스피드 합격비법_ 2교시 식품학, 식품위생 중심
저자 영양사시험연구회 / 19,500

9029 6급 기관사 해기사 자격 시험 스피드 합격비법
저자 해기사시험연구회 / 19,500

9030 재배학개론 농업직 공무원시험 스피드 합격비법
저자 공무원시험연구회 / 19,500

9031 식용작물학 농업직 공무원시험 스피드 합격비법
저자 공무원시험연구회 / 19,500

9032 수능 지구과학1 입체적 이해로 만점 받기
저자 수능시험연구회 / 19,500

9033 건축구조 건축직 공무원 시험 교과서 술술 읽게 하는 책
저자 공무원시험연구회 / 19,500

9034 위생관계법규 조문과 오엑스 조리직 공무원시험
저자 공무원시험연구회 / 19,500

9035 자동차구조원리 운전직 공무원 시험 교과서 술술 읽게 하는 책
저자 공무원시험연구회 / 19,500

9036 수의사와 수의대생을 위한 의학용어_ 암기법 소화기와 비뇨기
저자 의학수험연구회 / 19,500

9037 도로교통사고 감정사 1차 시험 교과서 술술 읽게 하는 책
저자 자격증수험연구회 / 19,500

9038 위험물산업기사 필기시험 교과서 술술 읽히고 암기되게 하는 책
저자 자격증수험연구회 / 19,500

9039 소방관계법규 조문과 오엑스 소방직 공무원시험
저자 공무원시험연구회 / 19,500

9040 양장기능사 필기시험 교과서 술술 읽히고 암기되게 하는 책
저자 자격증수험연구회 / 19,500

9041 섬유공학 패션의류 전공자가 섬유가공학 술술 읽고 학점도 잘 받게 해주는 책
저자 섬유공학패션연구회 / 19,500

9042 의류복식사 술술 읽고 학점 잘 받게 해주는 섬유공학 패션의류 전공자를 위한 책
저자 섬유공학패션연구회 / 19,500

9043 반도체장비유지보수 기능사 필기 교과서 술술 읽히고 암기되게 하는 책
저자 자격증수험연구회 / 19,500

9044 4급 항해사 해기사 자격 수험서 술술 읽히고 암기되게 하는 책
저자 자격증수험연구회 / 19,500

9045 접착 계면산업 관련 논문 특허자료 술술 읽히고 암기되게 하는 책
저자 접착계면산업연구회 / 19,500

9046 재수삼수 생활로 점수 올려 대입 성공한 이야기
저자 오답노트컨설팅클럽 / 19,500

9047 치위생사 국가시험 수험서 술술 읽히고 암기되게 하는 책
저자 자격증수험연구회 / 19,500

9048 치위생사 국가시험 수험서 술술 읽히고 암기되게 하는 책_ 2교시 임상치위생처치 등
저자 자격증수험연구회 / 19,500

9049 가스산업기사 필기시험 수험서 술술 읽히고 암기되게 하는 책
저자 자격증수험연구회 / 19,500

9050 응급구조사 1,2급 시험 수험서 술술 읽히고 암기되게 하는 책
저자 자격증수험연구회 / 19,500

수학연구사 Book List

9051 떡제조기능사 시험 수험서 술술 읽히고 암기되게 하는 책
저자 자격증수험연구회 / 19,500

9052 임상병리사 시험 수험서 술술 읽히고 암기되게 하는 책
저자 자격증수험연구회 / 19,500

9053 의료관계법규 4대법 조문과 오엑스 뽀개기 의료기술직 공무원시험
저자 공무원시험연구회 / 19,500

9054 간호학 전공자가 간호미생물학 술술 읽고 학점도 잘 받게 해주는 책
저자 간호학연구회 / 19,500

9055 간호사 국가고시 합격기간 단축하기_ 2교시 아동간호, 정신간호 등
저자 의학수험연구회 / 19,500

9056 도로교통법규 조문과 오엑스 뽀개기 운전직 공무원시험
저자 공무원시험연구회 / 19,500

9057 전기공학부생들이 시험 잘 보고 학점 잘 따는 법
저자 기술튜터토니 / 19,500

9058 간호대학생들이 약리학을 쉽게 습득하는 학습법
저자 간호학연구회 / 19,500

9059 의치대를 목표하는 초등생자녀 이렇게 책 읽고 시험 보게 하라
저자 의치대보낸부모들 / 19,500

9060 지적관계법규 조문과 오엑스 뽀개기 지적직 공무원시험
저자 공무원시험연구회 / 19,500

9061 방송통신대 법학과 학생이 학점 잘 받게 공부하는 법
저자 법학수험연구회 / 19,500

9062 공인중개사 1차 시험 쉽게 합격하는 학습법
저자 법학수험연구회 / 19,500

9063 기술직 공무원 시험 쉽게 합격하는 학습법
저자 공무원시험연구회 / 19,500

9064 독학사 간호과정 공부 쉽게 마스터하기
저자 간호학연구회 / 19,500

9065 주택관리사 시험 빠르게 붙는 방법과 노하우
저자 자격증수험연구회 / 19,500

9066 비로스쿨 법학과 대학생들을 위한 공부 방법론
저자 법학수험연구회 / 19,500

9067 기술지도사 필기시험 빠르고 쉽게 합격하는 학습법
저자 자격증수험연구회 / 19,500

9068 감정평가사 시험 스트레스 낮추고 빠르게 최종 합격하는 길
저자 자격증수험연구회 / 19,500

9069 의무기록사 시험 합격을 위한 의학용어 암기법_ 순환계와 근골계
저자 의학수험연구회 / 19,500

9070 의무기록사 시험 합격을 위한 의학용어 암기법_ 소화기와 비뇨기
저자 의학수험연구회 / 19,500

9071 감정평가사 2차 합격을 위한 서브노트의 필요성 논의와 공부법
저자 자격증수험연구회 / 19,500

9072 감정평가사 민법총칙 최단시간 공부법과 문제풀이법
저자 자격증수험연구회 / 19,500

9073 게임 IT업계 직원이 영어를 빠르게 듣고 말할 수 있는 방법
저자 최단시간영어연구회 / 19,500

9074 IT 게임업계 직원이 효율적으로 빠르게 일본어를 습득하는 법
저자 최단시간일본어연구회 / 19,500

9075 게임회사 IT업계 직원이 프랑스어 단어를 빨리 익히는 법
저자 최단시간프랑스어연구회 / 19,500

9076 경영지도사가 빠르고 효율적으로 중국어를 배우는 법
저자 최단시간중국어연구회 / 19,500

9077 유튜버가 일본어 청취를 빠르게 익히는 방법
저자 최단시간일본어연구회 / 19,500

9078 법조인들이 알면 좋을 프랑스어 단어를 빠르게 익히는 법
저자 최단시간프랑스어연구회 / 19,500

9079 경영지도사에게 필요한 스페인어 단어 빠르게 익히기
저자 최단시간스페인어연구회 / 19,500

9080 일본어 JLPT N4, N5 최단시간에 합격하는 법
저자 최단시간일본어연구회 / 19,500

9081 관세사에게 필요한 이탈리아어 단어 빠르게 익히기
저자 최단시간외국어연구회 / 19,500

9082 일본 관련 사업을 하는 중개사를 위한 효율적인 일본어 듣기법
저자 최단시간외국어연구회 / 19,500

9083 일본 취업 준비생을 위한 일본어 리스닝과 단어 실력 빠르게 올리는 방법
저자 최단시간외국어연구회 / 19,500

9084 관세사에게 필요한 중국어 빠르게 습득하는 법
저자 최단시간외국어연구회 / 19,500

9085 누적과 예측을 통한 영어 말하기와 듣기 해답_ 해외진출자를 위한 책
저자 최단시간외국어연구회 / 19,500

9086 스페인어를 공부해야 하는 대학생들이 빠르게 단어를 숙지하는 법
저자 최단시간외국어연구회 / 19,500

9087 취업 준비 대학생은 인생 자격증으로 공인중개사 시험에 도전하라
저자 자격증수험연구회 / 19,500

9088 고경력 은퇴자에게 공인중개사 시험을 강력 추천하는 이유와 방법론
저자 자격증수험연구회 / 19,500

9089 효율적인 4개 국어 학습법과 외국어 실력 올리는 방법
저자 최단시간외국어연구회 / 19,500

9090 여성들의 미래대안 공인중개사 시험 도전에 필요한 공부 가이드
저자 자격증수험연구회 / 19,500

9091 해외파견근무직원들이 이탈리아어 단어 빠르게 익히는 방법
저자 최단시간외국어연구회 / 19,500

9092 영어 귀가 뻥 뚫리는 리스닝 훈련법
저자 최단시간외국어연구회 / 19,500

9093 열성아빠를 위한 민사고 졸업생의 생활팁과 우수 공부비법
저자 교육연구회 / 19,500

9094 유초등 아이 키우는 열정할머니를 위한 민사고 생활팁과 공부가이드
저자 교육연구회 / 19,500

9095 심리상담사가 일본어를 쉽게 배울 수 있는 노하우와 팁
저자 최단시간외국어연구회 / 19,500

9096 법조인을 위한 들리는 소리에 집중하는 외국어 리스닝과 단어 훈련법
저자 최단시간외국어연구회 / 19,500

9097 관세사를 위한 문법 상관없이 받아 듣고 적는 외국어 학습법
저자 최단시간외국어연구회 / 19,500

9098 민사고에 진학할 똑똑한 중학생을 위한 민사고 공부팁과 인생 이야기
저자 교육연구회 / 19,500

9099 해외파견근무직원들을 위한 프랑스어 단어 쉽게 배우기
저자 최단시간외국어연구회 / 19,500

9100 해외파견근무직원들이 일본어를 쉽고 빠르게 공부하는 방법
저자 최단시간외국어연구회 / 19,500

수학연구사 Book List

9101 대학생들이 이탈리아어 단어 쉽고 빠르게 익히는 법
저자 최단시간외국어연구회 / 19,500

9102 뷰티 화장품 업계에서 알면 좋을 스페인어 단어 쉽게 익히기
저자 최단시간외국어연구회 / 19,500

9103 민사고 진학에 갈등을 느끼는 딸바보 아빠를 위한 인생 조언과 공부법
저자 교육연구회 / 19,500

9104 유튜버를 위한 영어 리스닝과 스피킹 실력 빠르게 올리는 법
저자 최단시간외국어연구회 / 19,500

9105 해외파견직들을 위한 문법 없이 어학 공부하는 방법
저자 최단시간외국어연구회 / 19,500

9106 변리사가 프랑스어 단어를 쉽고 빠르게 배우는 법
저자 최단시간외국어연구회 / 19,500

9107 법조인이 알면 좋을 중국어 스피드 습득법
저자 최단시간외국어연구회 / 19,500

9108 임용고시 합격하려면 고시 노장처럼 공부하지 마라
저자 임용고시연구회 / 19,500

9109 임용고시 합격을 위한 조언_ 공부로 생긴 스트레스 공부로 풀어라
저자 임용고시연구회 / 19,500

9110 가맹거래사 시험 법학에 자신이 없는 사람들이 꼭 봐야 할 합격법
저자 자격증수험연구회 / 19,500

9111 가맹거래사 책이 쉽게 이해되지 않는 사람들을 위한 수험전략 가이드
저자 자격증수험연구회 / 19,500

9112 항공 및 공항 업계에서 알면 좋을 이탈리아어 단어 효율 암기법
저자 최단시간외국어연구회 / 19,500

9113 은퇴자를 위한 외국인과 만나는 게 즐거운 영어 리스닝 방법
저자 최단시간외국어연구회 / 19,500

9114 항공과 공항업계인을 위한 일본어 듣기와 단어 청크 단위 학습법
저자 최단시간외국어연구회 / 19,500

9115 유튜버가 프랑스어 단어에 쉽게 접근하고 익히는 법
저자 최단시간외국어연구회 / 19,500

9116 대학생이 필요한 스페인어 청취를 빠르게 습득하는 법
저자 최단시간외국어연구회 / 19,500

9117 해외파견직들을 위한 스페인어 단어 스피드 학습법
저자 최단시간외국어연구회 / 19,500

9118 관세사를 위한 직청직해 소리단어장 다국어 훈련법
저자 최단시간외국어연구회 / 19,500

9119 경비지도사 처음 도전하는 사람들이 꼭 알아야 할 시험 접근법
저자 자격증수험연구회 / 19,500

9120 유튜버가 이탈리아어 단어 효율적으로 익히는 방법
저자 최단시간외국어연구회 / 19,500

9121 관세사가 빠르고 쉽게 일본어 실력 올리는 법
저자 최단시간외국어연구회 / 19,500

9122 영어가 부족한 법조인을 위한 리스닝과 스피킹 효율 학습법
저자 최단시간외국어연구회 / 19,500

9123 미용 뷰티업계에서 알면 좋을 일본어 쉽게 접근하는 법
저자 최단시간외국어연구회 / 19,500

9124 대학생을 위한 외국어 공부법_ 문법은 버리고 소리에 집중하자
저자 최단시간외국어연구회 / 19,500

9125 심리상담사가 스페인어 단어를 효율적으로 배우는 방법
저자 최단시간외국어연구회 / 19,500

9126 대학생을 위한 다양한 외국어 쉽게 접근하게 해주는 가이드
저자 최단시간외국어연구회 / 19,500